ちくま文庫

本は眺めたり触ったりが楽しい

青山南

筑摩書房

目次

本は眺めたり触ったりが楽しい

絵・阿部真理子

THE FEEL OF READING
MINAMI AOYAMA & MARY ABE

Text by Minami Aoyama
Illustrations by Mary Abe
Book and Cover Design by tetome

Printed and bound in Japan

The feel of reading School

Gravity's Rainbow
Gravity's Rain-bow
Gravity's Rainbow
Thomas Pynchon
Prospero's dog

NORTH AMERICA
Gravity's Rainbow
Thomas Pynchon
Thomas Pynchon
Forbes
U.S. News & WORLD REPORT
James

6 MILES
FISHING
O·K

GIFT
SHOP
The fee
of readin
CITY
NEXT E
CENTRAL
TRUCK
LINES
DAILY&
OVERNIGH
SERVICE

A Midsummer

Shakespeare
Dream

BOOK
WORM
BOOK WORM

中年のおじさんたちがしょうのないことを楽しそうにおしゃべりしている『発作的座談会』（本の雑誌社）を読んでいたら、画家の沢野ひとしが本を読むのがおそろしく速いのを知って、愕然《がくぜん》とした。なんと、本は本屋で買った後ぱらぱら読んでいるうちに読みおわってしまうという。近くの喫茶店にはいってさっき買った本をいざ読もうとしても、もう読みおわってるので困ってしまうんだと。

嘘だろ、おい、と本を読むのがめっぽう遅いぼくはおもわずつぶやいてしまったが、でも、まあ、相手が雑誌なんかの場合はぼくだって沢野に負けないスピードで読んじゃうわけだから、あながち嘘ではないんだろう。

じぶんの本の読みかたの遅さを、昔、けっこう悩んだ。おれはきちんと読んでいるから遅いんだろうか、集中力がないんで遅いんだろうか、どっちなんだ、と。

しかし、そのうち、さらにもっとむずかしい問題を抱えこんだ。本をきちんと読むって、どういうことだ？

電車で夢中で本を読んでいたためにおりるべき駅でおりるのを忘れた、ということは何回かある。夢中で本を読んでいたために知り合いの出現に気がつかなかった、ということもきっと何回かあったろう。

でも、つぎのようなことはありうるか。時は一八四六年の冬、場所はアメリカの開拓地のどこか。ナーシッサ・コーンウォールという名前の十二歳の開拓者の子どもがじぶんの日記にこう書き残している。

「父は、夢中で本を読んでいたので、母に言われるまで、家のなかが知らないインディアンで一杯なのに気がつかなかった」

父親は、じつは気がついていたのに、なにか行動を起こすのがいやで、気がついていないふりをしていたのではないのか？

インディアンはとても礼儀正しいひとたちで、父親の読書の邪魔をしないよう、そっと入ってきたのではないのか？

こんなにも夢中で本が読めるなんて信じられない。ついべつな理由を考えてしまう。

「小説って、読むのにあるスピードがいるでしょう」と小説家の池澤夏樹がある座談会でしゃべっていた。話題になっていたのは、トマス・ピンチョンの『重力の虹』（国書刊行会）だが、池澤がいっているのはその小説のことではなく、小説一般のことだった（「文學界」一九九三年十一月号）。

たしかに、それはいえる、とぼくもおもう。どんな小説も、超低速で読んでいくと、おもしろくなくなる。たとえば、大学の教養の語学の授業の、あの訳読というやつ。一行一行訳していくあの授業では、どんな名作もつまらないものになった。授業はたいてい週一回だから、授業にでるたびに話がどうなっていたのかをまずおもいださなければならず、ようやくおもいだしたころには授業は終わっていた。

勉強になるとどんなものでもおもしろくなくなるという問題ではなく、これは読書の速度の問題だろう。

じっさい、かなりのスピードで読むなら、たいていの小説はそこそこおもしろい。ああ、おもしろかった、という感想が、まあ、もてる。

あれはどうしてだ？　時間もかからなかったし、まあいいか、と評価が甘くなるのか？

アメリカの小説家のウィリアム・ギャス、このひとが大変な速読家だ。高校時代は仲間と速読のチームをつくってよその高校の速読チームとたたかい、けっこう無敵を誇っていた。それを自慢した傑作なエッセイを読んだことがある。本の善し悪しは重量で決まり、厚い本がいい本だったという。

かれによると、速読とは軽快なサイクリングで、「肌にふきつける風はさわやかで心地よく」「文字の群れは豊かな葉っぱの群れ」で、「ページは牧場」なんだそうだ。

新しいパラグラフの入口にくると、ざっとその牧場を見渡して、目印となるものを探し、さっとそれを拾って、驀進《ばくしん》する。イメージにいちいち感心したり、文章の意味をひとつひとつ探したりしていたら、スピードが落ちるから、そういうことはしない。要点を伝える目印だけをつかまえて、とにかく走る。と、まもなく、頭上にふわふわと雲の浮かんでくるのが、雲の影で分かる。それが「意味」なんだそうだ。しかし、雲を見上げてはいけない。ああ、意味が浮かんでいる、とおもいつつ、ペダルをこぎつづける。

ああ、速読って気持ちよさそう。ぼくはうらやましくなる。

速読の元チャンピオンで、本は長ければ長いほどいい、というウィリアム・ギャスが、じぶんとよく似た名前の、長くて難解な小説しか書かないウィリアム・ギャディスという作家の『認識』という作品の新版に、長くて難解な本との付き合いなんて簡単だ、とつぎのような序文を寄せている。

——なにも急ぐことはない。きみの前方に広がっているページは、きみが望むならいつまでも、きみの前方に広がっているから、心配するな。なんだかよく分からないところがあっても、くよくよするな。分からなくて、ぜんぜんかまわないのだから。ここんところはなんだか深い意味がありそうだが、ちくしょう、分からない、なんて苛立《いらだ》つな。そんなこと、分からなくても、まるでかまわないのだから。とにかく、この本の器量のよさを、アイロニーを、ウィットを、博覧強記ぶりを、官能的な体の作り、を楽しめ。それがこの本を理解するということだ。何年も

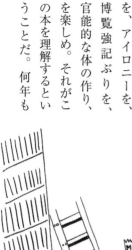

いっしょに暮らし、さんざいろんな話を聞かされてきた、きみの夫、あるいは妻を、きみはそうやって理解してきたのではなかったのか。おなじことだよ。

コピーを読書の道具にしているひとに会った。たとえば雑誌におもしろそうな小説がのっていると、それをコピーにとり、そのコピーしたほうを読むという。友だちや図書館から雑誌を借りてきて、それをコピーするというのではない。つまり、ケチなわけでも、倹約家なのでもない。じぶんで雑誌を買い、必要なページをコピーして、それを持ち歩いて読む。OLだったとき（そう、女性だ）、通勤の電車では雑誌はかさばるのでそういう方法をとったらしい。そしてそれが癖になった。OLをやめて通勤の電車から解放されたいまも、その癖は治らない。

きみ、それは熱帯雨林の無駄遣いだよ、といちおうぼくはいったが、内心では、ふーんと感心していた。

だって、本を読むときの一種独特の窮屈感は、本という形態そのものが放つオーラによるところ、大だからである。コピーをとって読む、つまり本という形態をばらばらにしてしまうというやりかたは、本の窮屈さから自由になって本を読む方法としては悪くないんではないか。彼女が昔の癖からぬけられないのも、そんな自由の快感をからだが知ってしまったからではないか。

もとの雑誌のほうは捨てちゃうの、とぼくはきいた。母か妹にあげます。ふーん、それならまあ資源の無駄遣いでもないか。

本を、文字通りばらして読むひともいる。必要なところだけをばりっとひきちぎって、ホチキスでとめ、いわば、べつな本にして読む。そして読み終えると、もとの本のなかにもどす。家出していった一部をもう一度迎えたもとの本は、当然、前よりもすこし小太りになり、本というより、ファイルみたいなものになる。そういう姿になったものが、そのひとの本棚にはずらりと並んでいるらしい。

これは、ぼくにはとてもできない芸当だ。まだまだ修行が足りない。だいたい、本を読んでいて、ちょっと力を入れすぎて、背中のところでページがぱりっと割れただけでも、がっくりしてしまうていたらくである。じぶんからばりっとひきちぎるなんて、とてもできない。

でも、できたほうがいいだろう、とおもう。だって、大きな本は家でしか読めないというのでは困るし、それに、本をばりっと破る心意気もないというのではあまりにも軟弱だ。だけど、その心意気ができたら、今度は、ものを散らかさない習慣をつけねば。さもないと、切ったページを散失する恐れがある。

小説家の片岡義男が、あるシリーズ本の宣伝パンフレットのなかで、つぎのようなことを書いていた。「これはおもしろそうだ、と思った本をニューヨークに注文しておくと、やがて届く。本棚にどんどん、たまっていく。読むともちろんおもしろいが、たまに手にとって眺めてるだけでもいろんなことがわかり、充分にむくわれる」

初めてこれを読んだとき、ぼくは、そうだ、これが「積ん読」のエッセンスだ、と膝を打った。読まないで本棚に本を並べておくことは俗に「積ん読」と呼ばれ、それはたいていはあまりいい意味につかわれないが、ここに書いてあるのは、「積ん読」も捨てたもんじゃない、ということではないか。そうだよ、「積ん読」だって立派に読書のひとつだよね、とけっこう本を積んでおくぼくは、うなずいた。本もね、長く積んでおくと、醱酵《はっこう》していい味がでるのよ、といったりもするぼくなのだ。

　積んでおくっていったって、まあ、積みっぱなしってことは、そうはない。ときどきは気がついて、手にとって眺める。ぱらぱらと読んだりもする。そうしているうちにその本へのこっちの固い心がすこしずつ解けていく。

「読む」と「手にとって眺める」はほとんどおなじことのようにもおもえる。

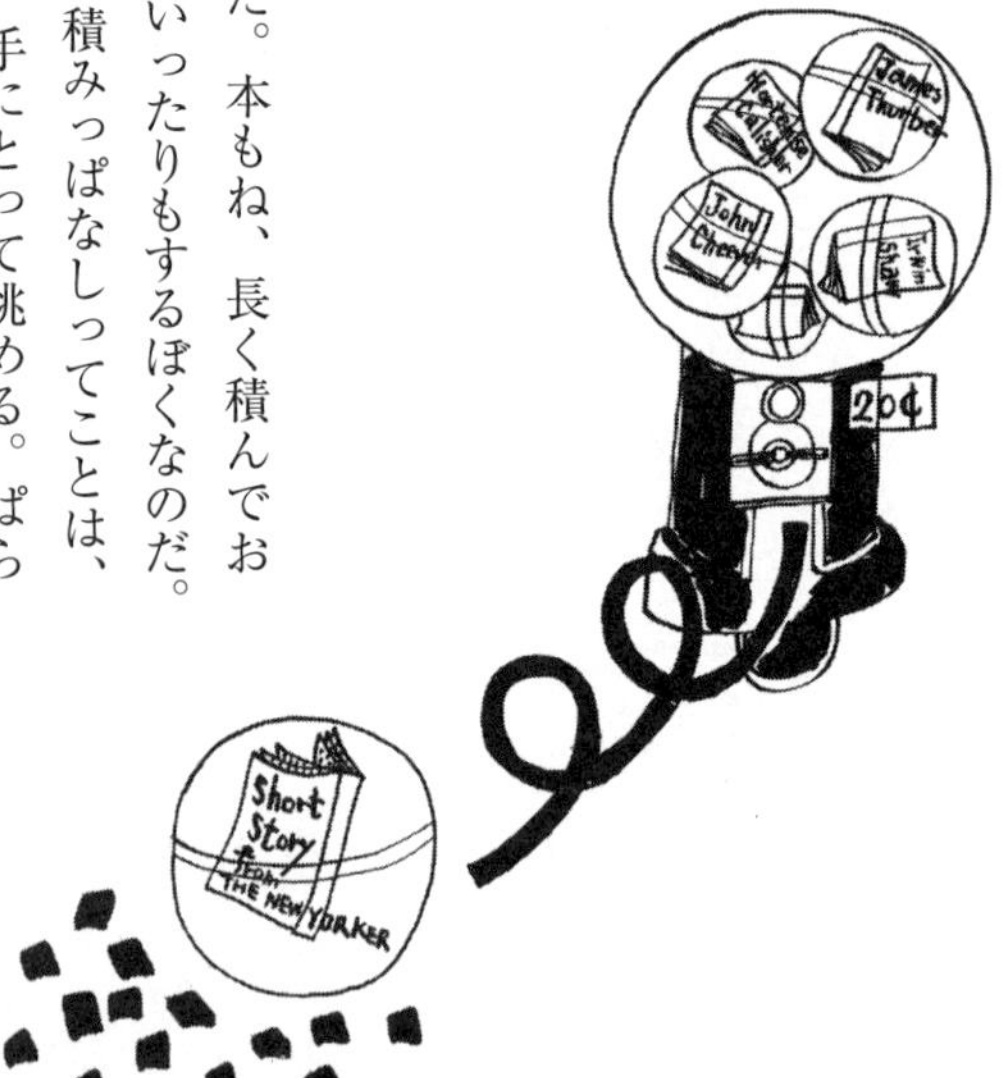

短篇小説の名手と呼ばれたアメリカの作家アーウィン・ショーの昔のインタヴューを読んでいたら、「ニューヨーカー」の編集者が言ってたんだがね、と前置きして、短篇を書く秘訣について話していた。そんなの、あるの、と半信半疑でぼくは聞いた。

ショーによれば、それは、小説の最後のパラグラフはばっさり切ることだ。小説を書きあげたら、ほとんど機械的に、最後をばっさり切る。「たいてい、最後のパラグラフで、その小説がなにを言いたいのか、を書いてるもんなんだ。でも、それは、切ってしまったほうがいいんだよ」

まあ、ショーの意見というよりは、すぐれた短篇をたくさん載せる「ニューヨーカー」という雑誌の意見といったほうがいいのだろうが、ふーん、これなら余韻《よいん》が残って当然だな、と納得した。ほら、よく言うでしょ、なかなか余韻があっていい作品だったなあ、とかなんとか。

こういう話を聞くと、本のもうひとつの読みかたを教わったような気持ちになるから、楽屋話は捨てがたい。ウィリアム・ギャスという小説家は言っていたものだ、「小説の書きかたを教わっても小説は書けない。しかし、それによって読みかたを学ぶことはできる」

小説家の佐藤正午《しょうご》が、小説を読んでいて気にいった一行や気にかかる文句にであうとページの隅っこをつい折ってしまう、と書いていた。かれはそれを「垢抜けない癖」と呼び、「暇があり気が乗れば、その一行なり文句なりをノートに書きつけるという、何だか生真面目な受験生みたいな習慣まで持っている」といっていた（「すばる」一九九一年二月号）。

じつは、ぼくにもその癖がある。だから、古本屋に本を処分するときや図書館に本を返すとき、あわててそれを元にもどしている。でも、折った跡は消えない。ほぼ完全に消えるのには数年かかるのではないか。

ページを折るひとのほとんどがそうだとおもうが、気にいる一行や気にかかる文句は小説の主要な筋とはたいてい関係がない。そのことばがその小説の核心を突いているらしいので気にかかる、ということはめったになくて、あッ、これっていいなあ、とそのことば自体が気にいる。その本を読んでいるときのこっちの気分に応えるものがあったから気にいる。そういうのがたくさんあると、これっていい本だなあ、とおもう。そして、ずっと後、小説の筋なんかすっかり忘れたころになっても、そのことばだけは覚えている。

気にいった文章にぶつかるとそのページの端を折る癖のあるぼくだから、読みおわったあと、本を閉じてページの束をながめれば、じぶんがどの程度その本を気にいったかは一目瞭然でわかる。折ったところは細い凹みになっているから、凸凹が多ければ多いほど、それは気にいった本ということになるわけだ。

でも、あれって気持ち悪いよ、とぼくとおなじような癖のある男を夫にもったある女性はいった。「亭主が読んだあと、その本を読もうとするじゃない。すると、ところどころ、ぷちっ、ぷちっ、と折ってあるわけよ。気持ち悪いよ、あれ。なんだか、ひとのおできの跡をみせられてるみたいで」

おできの跡とはなかなかいい比喩である。だって、ひとの思い入れって、どこか膿《う》みたいで、他人にはまるでありがたいものではないもの。

「かもね、ぼくにも折る癖があるけど、ひとが折った本を読むのは、そういえば、気持ち悪い」とぼくは答えた。

ページの隅っこを折るのを、英語ではたしか、「犬の耳」といったなあ、とおもいだして、あらためて辞書をひいてみた。あったあった、dog-ear あるいは dog's-ear。名詞としてだけではなく、動詞としてもつかわれるようだ。そして、dog-eared とか dog's-eared というかたちで、形容詞にもなる。こんなことばもできているくらいなのだから、ページの隅っこを折るのは、まあ、わりあい世界中でみんながやっていることなんだろう。たしかに、ページの隅っこを折ると、その形態は犬の耳のようにみえる。

ところが、辞書をさらによく読んでみたら、ページの隅っこが自然に折れてしまっている状態にも「犬の耳」ということばをつかうのがわかった。ほら、固い表紙の本ならともかく、柔らかい表紙の本のばあい、読みかたにもよるのだけれど、長期にわたってたらたらと読んでいると、ページの隅っこが全体に反ってくることがあるでしょ？　ああいうのも「犬の耳」というらしい。

翻訳業のぼくは困った。英語の本を訳していて「犬の耳」なることばにぶつかったら、(1) わざと折った、(2) 自然に折れた、のいずれかの判断はむずかしいぞ。

ハワイにいくたびに感心するのは、海辺でせっせと読書するひとたちの数の多さだ。あのひとたちはいったいなんなんだ。のんびり日光浴でもしていればいいものを、かんかん照りのなか、サングラスをかけて、本を読む。日陰をさがしてそこで読むのではなくて、かんかん照りのなかで読んでいる。ハワイにくる人間には本好きが多いということだろうか。まさか。

こないだハワイにでかけたときは、プールにつかりながら本を読んでいるサングラスの中年の女性を見かけた。腰ほどの深さのプールの端っこにたって、片手にはペーパーバックを、もう片方には煙草をもっている。ぼくが二時間ほどプールを留守にしてもどってきてもまだおなじ姿勢で読んでいたから、少なく見積もっても二時間は読んでいたかっこうだ。横目で観察したら、水のなかの脚はゆっくりと、しかし絶え間なく動いている。軽い体操をしているのだ。

おなじ姿の彼女をぼくは三日にわたって目撃した。他人事ながら、心配になった。体操もけっこうですけど、腰が冷えるんじゃないんですか。

そのうちきっと、平泳ぎをしながら本を読んでいるひとを見かけるだろう。

ハワイでこないだ泊まったコンドミニアムの売店の一角には、なんと、古本のコーナーがあった。並んでいるのはぜんぶペーパーバックの本で、値段はほぼ一ドル均一。どれも、かんかん照りの海辺でサングラスをかけたひとたちによって読まれた本であるのは、明らかだった。ミステリーあり、ロマンスあり、文学あり、伝記あり。海辺の読み物はきっと軽い読み物ばかりだろうという、こっちの予想をみごとにくつがえす、それはラインアップだった。

古本のコーナーの隣りには水遊びのためのボードがレンタル用に並んでいる。こっちは一日五ドル。この取り合わせには感心した。だって、安い本と安いボードがこうして海辺の宿の売店に並んでいるということは、ふたつとも、海辺の楽しみの必需品だということではないか。ふーん、かんかん照りの海辺での読書は、ハワイではかくも常識的なものとなっているのか。

売店だけではない。部屋にも、前に泊まった客が置いていったものであるにちがいないペーパーバックの並ぶ小さなライブラリーがあった。これの利用はもちろんただだ。前に日本人が泊まったんだろう、田辺聖子の文庫本が一冊混じっていた。

ハワイでは、ぼくも、サングラスをかけて、負けずに、本を読みはじめたりする。しかし、いつも、途中で頭がぼおっとしてきて、読みつづけられない。なにしろ、かんかん照りなのである。木蔭の読書とは訳がちがう。ふーッ、と溜め息をついて、本なんか読んでられねえよなあ、と汗をぬぐいながら、まわりを見ると、圧倒的多数はいぜんとして読んでいる。ミステリーを読んでるやつもいれば、トーマス・マンを読んでるやつもいる。この読書っていったいなんなんだ、と考えた末（といっても、かんかん照りのなかで考えたんだからたいした考えではないけど）、こんな結論がでた。

（1）じつはなにも読んじゃいない。ただ字面を追いかけているだけなのだ。日光浴をするための口実として本が利用されているのだ。

（2）読んでいるかもしれないが、筋や論旨などかまっちゃいない。ぼんやりとした頭にかろうじて引っ掛かるようなことば、ないしは文章があれば、それで大収穫なのだ。

だけど、本の魅力って、もともとは、このあたりにあったのかもしれない。

最近は絵本ばかり読んでますよ。仕事のあいまに、朝、昼、晩、合計して、まあ、一日十回は読んであげてます。十回が十回、ちがう絵本の場合もあるし、おなじ絵本である場合もありますが。

絵本の話をしましょうというある雑誌の企画で会ったとき、お嬢さんがもうすぐ三歳になるという翻訳家の大久保寛さんがそんなことを言っていた。絵本はもともと文字数は少ない本だが、それにしても一日十回というペースは立派なものである。なかなか付き合いがいい。なかなかできない。ぼくなんか、三、四回ですぐへたばっちまった。

そんな話をしているとき、ところで絵本って本なのかな、というとても原則的な話題になった。大久保さんもぼくも、本ではないでしょう、と即座に意見が一致した。

ぼくがあげた理由は——

「一般に、本を読むということは、ひとりでいるための口実でもあるわけですよね。でも、絵本を読んでやる、あるいは、読んでもらうということは、ふたりでいるための口実でもあるわけだから……かなりちがうものでしょう」

でも、さて、ひとりでながめている子どもにはどうだ?

受験勉強のときには参考書に赤鉛筆でたくさん線を引いた。これは覚えなくては、これも覚えなくては、とつぎつぎ線を引いていくうちにページはまっかっかになり、ほんとうに覚えなくてはいけないものはどれなのかがわからなくなってしまった。よし、じゃあ、ほんとうに覚えなくてはいけないのは青鉛筆で線を引こう、と作戦を練り直してあらたに作業にかかったが、結果は大差なし。ページがカラフルになっただけで、ほんとうに覚えなくてはいけないのはどっちの色だったっけ、と頭を悩ませた。

参考書にはこんなふうにどんどん線を引いていたぼくだが、しかし、参考書でない本には線を引くということがなかなかできなかった。理由はふたつ考えられる。

（1）本はみだりに汚してはいけない、という思いが頭のどっかにあったから（参考書は本というよりはノートみたいなものだともっていたのだろう）。

（2）ほんとうに大事な文章なのかどうか、線を引く価値があるのかどうか、その判定に自信がなかったから。

中学生のころのことだ。ぼくの生きている世界はなんとも窮屈だった。

参考書でない本に線を引くことがなかなかできなかった理由をふたつあげたが、そのふたつは、つぎのようなことにもつながっていきそう

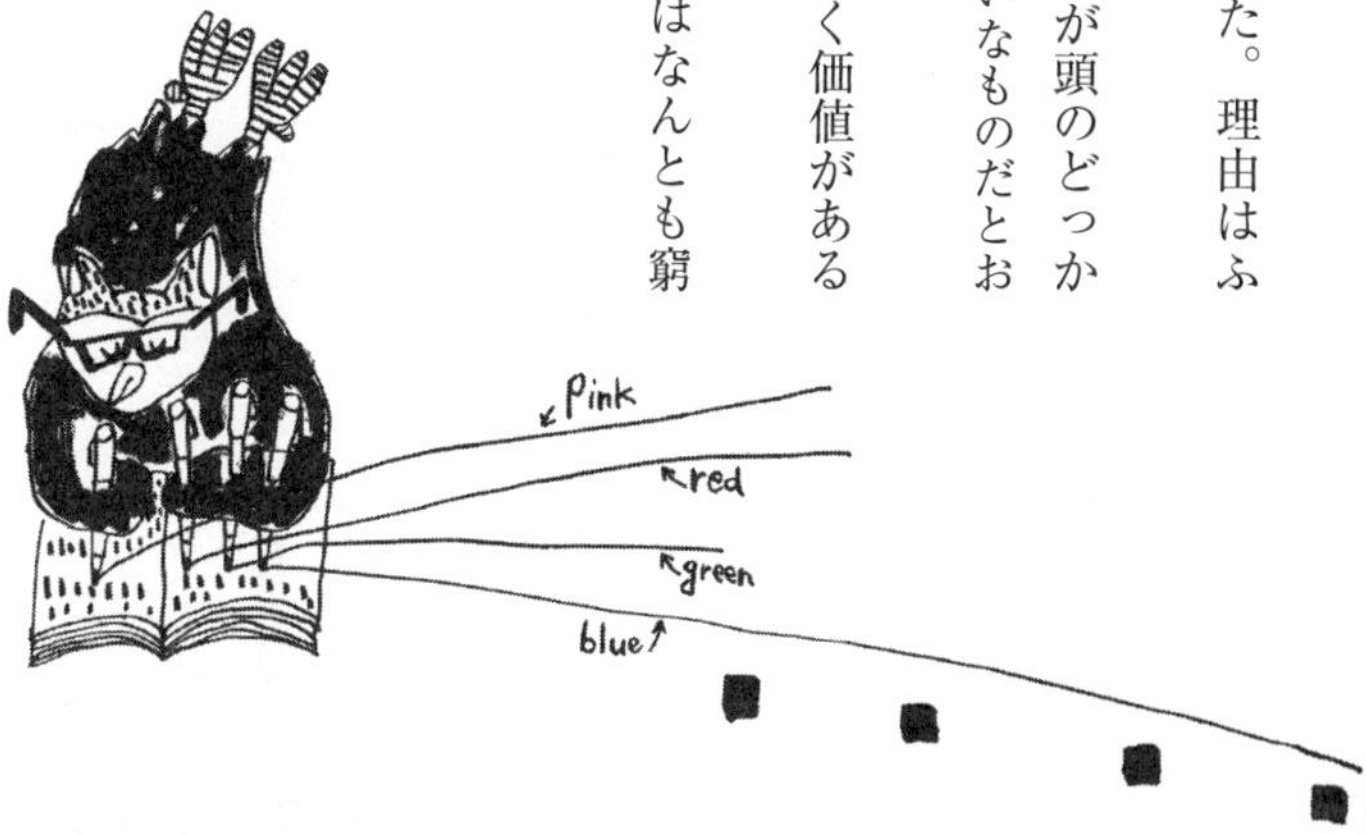

な気がする。

（1）は、なんのことはない、しつけの結果なのではないか。本は大事にしなさい、というしつけがこの国にはずいぶん昔からあるが、知らず知らずそのようにしつけられてきたあげく、本を汚すことにためらいをおぼえるようになってしまったのではないか。

（2）は、なんのことはない、頭が受験勉強でテスト漬けになったことの結果なのではないか。ほら、国語の問題なんかでよくあるじゃないの。長文読解っていったっけ？　小説だか随筆がえんえんと引いてあって、「作者が一番いいたいことはなにか、それをいっている文章をぬきだしなさい」ってなやつ。あのての問題に慣らされてしまったあげく、じぶんで自由に本を読んでもいいんだってことになっても、うーむ、この文章が作者のいいたいことなんだろうか、いやいや、さっきの文章のほうかな、と頭をひねる癖がついてしまったのではないか。

本に初めて線を引いたのはいつのことだったか。中学の終わりころか、高校の始めころか。なにやらおどおどしながら線を引いていたことだけはよく覚えている。参考書を相手にしていたときのように赤や青の鉛筆でぐいーっと線を引くなんて真似はできず、ふつうの黒の鉛筆で、いつでもすぐ消せるように、薄く線を引いた。なにしろ、線を引くじぶんに自信がないのだ。とんちんかんなところに線を引いてるんではないか、と不安でならなかった。

読んでいるじぶんが共鳴した文章、読んでいるじぶんを励ましてくれる文章、読んでいるじぶんの現在を照らしだしてくれる文章、そういう文章にぼくは線を引いていたのだが、だけど、そのいっぽうでは、おれがいまこうして線を引いてる文章ってこの本の作者にはどうでもいい文章なんではないか、この本の本質とは関係ない文章なんではないか、と気にしていた。

優先すべきは、書いた作者か、読んでいるじぶんか。

線を引きはじめのころは、作者だ、とおもっていた。

一九八四年のニューヨークでのことだ、小説家のピート・ハミルに『ユードラ・ウェルティとの会話』という本をもらった。雑談していたら、なにかの拍子でウェルティの話になり、ハミルが、そうだ、いまちょうど彼女の発言集を読んでるんだよ、といい、ぼくが、えッ、そんな本、でてるんですか、と聞くと、うん、でたばかりだ、たぶん仕事場にあったな、といって、仕事場にしているチェルシー・ホテルに寄ると、これ、あげよう、となんとも気前よくくれたのである。

別れてから、その本を開いてみたら、なんと、あちこちに線が引いてある。黄色の蛍光マーカーでぐいっーと、それはもう力いっぱいにだ。しっかり線が引いてあるのにもらっちゃっていいのかな、ともおもったが、へへへ、いいもの、もらっちゃった、と大喜びしたのがほんとうのところだ。

だって、こういうのって、一冊だが二冊の本みたいなものだからだ。本そのもの

は「ウェルティの本」だが、ハミルが線を引いた箇所を拾って読んでいくなら「ウェルティの本で作ったハミルの本」ということにもなるではないか。

そうだ、線を引くひとは、線を引きながら、べつな本を作っているのだ！

本には臨床的な読み方があるということを、解剖学者の養老孟司《ようろうたけし》の文章を読んでいて知った。それは、本にのめりこまない読み方とも言えそうで、要するに、醒《さ》めた読み方である。夢中にならないように気をつけて読み進む読み方だ。養老は次のように書いている。

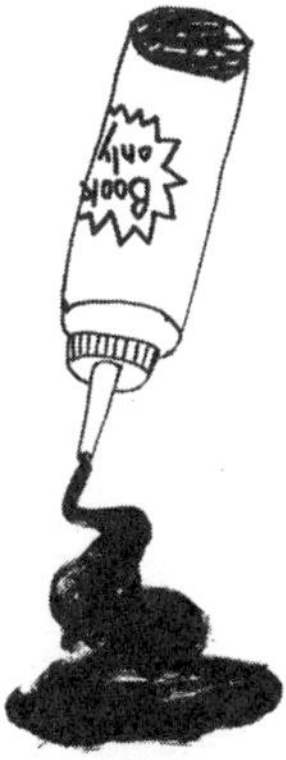

「楽しみだけで読むわけではない本というのは、もちろん真面目な本である。これを私は臨床的に読む。著者という患者が、ブツブツ訴えることを、できるだけ冷静に聞く。そうしないと、患者に共鳴してしまう。これは、場合によって

は、たいへん危険である。人間はあんがい共鳴力が強い。変な相手に共鳴すると、面倒なことになる。精神科医の医師は、それをよく知っている」（「ちくま」一九九四年三月号）

著者は患者であり、その著書はその患者の訴えだ、というこの見方はなかなかおもしろい。著者の話のなかに入っていくのではなく、そういう話をしている著者の心をのぞこうとする、いうなれば、著者を突き放した読み方。このとき、読者が読んでいるのは著者の本ではなくて、著者そのものである。

養老は「真面目な本」に限ってそういう読み方をしているようだが、べつに「真面目な本」でなくったってそういう読み方はできそうだ。くだらない、無内容な本を読む時も、ああ、なんてくだらない、なんて無内容な本であることか、と嘆かずに、こういうくだらない、無内容な本を書く著者とはいったいどんなやつか、と考えつつ読めば、それが臨床的な読み方になるのではないか。

そういう読み方だと、うん、ゴミみたいな本でもいちおうは楽しめるということになるが、でもね、それはあくまでも理屈のうえでの話だろう。くだらない本は途中でさっさと読むのをやめてしまうだろうし、だいいち、そういうものを書くやつのことを考える気にはなかなかなれない。

臨床的な読み方は、だから、あまり楽しそうではない。ジョン・アーヴィングの『ガープの世界』（新潮文庫）の主人公である作家ガープの本の読み方も、養老のとはまたべつな意味で臨床的だが、こう書いている。

「作家には、楽しみのための読書など、ない。じぶんがどういうふうに書くべきか、いつも、そのことを考えながら、本を読む」

デイヴィッド・ロッジの『素敵な仕事』（大和書房）についての松岡和子の書評を読んでいたら、おやおや、その読みかたがなかなかちょっと変わっている。解釈のしかたが、ではなくて、読むスタイルが、だ。つまり、書評する必要で翻訳を読みはじめたのだが、翻訳は二段組みでかなり厚くて、通勤の電車のなかで読むにはしんどい、そこで、一計を案じて、電車のなかで読むときは比較的軽いペーパーバックの原書で読み、家にもどると、そのつづきを翻訳で読んだ、というのだ（「文學界」一九九二年二月号）。

あいにく、ぼくにはそういう経験はない。昔、高校や大学の語学の授業のときに、机の上には原書というか教科書をおき、膝の上にはその翻訳をおいて、上を見たり下を見たりとけっこう忙しいひとときを過ごした記憶はあるが、リレー式に、日本語↓英語↓日本語↓英語と一冊の本を読んでいったことはない。だから、どんなかんじかな、とおもう。

「全く違和感がないのである。これは賛嘆に値いする」と松岡はいい、それは翻訳がいかにすぐれているかの証拠である、といっていた。そのとおりなら、たしかに、すごい。だって、こういうリレー式の読みかたで一番ひっかかってくるのは文章のリズムだろうからで、違和感がなかった、ということはその原文のリズムが翻訳でぜんぜん傷つけられなかった、ということだからだ。

小説家の中村真一郎がおもしろい発見の話を書いていた。

歳をとって、目が不自由になってきて、本を読むのが難儀になってきたのだが、ふと、横文字の本を読むのはそう苦ではない、というのに気がついたんだそうだ。アルファベットは字画が簡単だから読みやすいのかな、ともおもい、中国の最近の古典注釈書（たいがい横組みであるという）をみたら、これもじつに読みやすい。そこで、ひらめいた。

横文字（横組み）のほうが人間の目には無理がないのではないか！

われ発見せり、とばかりに、医者にも話した。と、医者は、落ちつき払って、答えたという。

「人間の目は横についているから当然でしょう」

よくいうよ、とぼくはおもったけれど、中村は、なるほど、といたく感心して、そして、推論した。「日本人は子供の時から、ずい分、目の神経を無理しているということになり、眼鏡をかけている人間が多いのも、そのせいかも知れない」（「日本経済新聞」一九九二年一月十七日夕刊）

はてさて。『素敵な仕事』を英語版と日本語版と交互に読んだという松岡さん、目の具合はどうでした？

斜め読みというやつ、これがぼくはどうも苦手だ。縦組みのばあいはページの右上から左下へ、横組みのばあいは左上から右下へ、まわりをちらちらながめつつ、あたりの雰囲気をぱっとつかまえて、さっそうと滑降し、下に着いたらまた、瞬時のうちに、縦組みのばあいは右上に、横組みのばあいは左上にのぼって、ふたたび、斜めに滑っていくという読みかた、これができない。あれ、いま、なんか動いたな、あれはなんだ、とか気になっちゃって、気がつくと、転んでいる。這《は》いつくばって、周囲の文字を懸命に拾っている。

昔、学生のころ、ある先生にまつわる伝説を耳にした。だれかが、ある夏の日、研究室をのぞくと、ディケンズの専門家であるその先生は、扇風機をかけて、腕を組んで、分厚い本を読んでいた。扇風機は首振りので、十秒くらいの間隔で、先生に風を送ってよこす。風は、読んでいる本のページもいっしょにめくってしまうのだが、先生は、終始、腕を組んだまま、本を読みつづけていたという。

斜め読みも、ここまでくると、鬼気迫る。

「ななめよみ」という題名の小説を大岡玲《あきら》が書いている。斜め読みがすこぶる苦手で、ひとはなんで斜め読みをするのか、ときどき不思議でしょうがなくなるぼくは、さっそく読んでみた。知りたいことはただひとつ。斜め読みをしているとき、ひとはいったい本のなかのなにを読んでいるのか（「海燕」一九九二年五月号）。「ななめよみ」はわりあい長くて、まあ、実験的な作品である。おそろしく長い小説を縮めたものという体裁になっていて、いくつかの「あらすじ」といくつかの「本文」で構成されている。「あらすじ」を読み、「本文」を読んでいくと、もとのおそろしく長い小説の全体像がなんとなく見えてくる、という仕掛けだ。

この「ななめよみ」という小説を読んでわかったこと。それは、斜め読みをしているとき、ひとはまず「あらすじ」を読んでいるんだ、ということだ。そういや、そうだ。たとえば書評を頼まれたときなど、ぼくもやむをえずがんばって斜め読みをしたりするが、あれって、とにかく「あらすじ」はつかまえなくっちゃ、という強迫観念からだもの。最後で話にどんでん返しがあったら困るぞ、とかね。

斜め読みがあらすじをつかまえる作業だとしたら、斜め読みが苦手ということはあらすじをつかまえるのが苦手ということになりはしないか？

うん、これ、少なくともぼく自身にかぎっていうなら、当たっている。あらすじをまとめる作業ほど、苦手なものはないのだ。昔、リーダーの仕事をやらされたことがあるが、ぼくはなんとも無能なリーダーだった。リーダーってのは、あちらででた新刊を読んで、その本がどういうものかを編集者に報告する人間だが、小説のばあいは、やはり、話の展開、つまり、筋の報告が、最低限、要求された。しかし、あらすじを紙に書きはじめると、どうにもまとまりがつかなくなる。そればかりか、奇妙なことに、どの小説もつまらない、陳腐《ちんぷ》なものにおもえてくる。だから、いつも中途半端なあらすじをもっていっては、不足な部分は口で補った。「話の筋はともかくですね、なかなかいいシーンがありました、それはたとえば」という具合にである。

じき、クビになった。しかし、あの仕事でひとつわかった。

筋なんかどうでもいい。シーンだ、シーンがすべてだ。

マルセル・プルーストの大作『失われた時を求めて』の個人全訳にとりくんでいる鈴木道彦が、フランソワーズ・サガンはプルーストの大作のほんの一部を拾い読みしたことからプルーストの熱烈なファンになった、と書いていた。

サガンという小説家は「プルーストからすべてを学んだ」と断言しているらしいのだが、そもそもはたまたま手許《てもと》にあった大作の第六篇「消え去ったアルベルチーヌ」の一節を読んだだけだという。そして、たちまち魅了されて、プルーストの愛読者になった（「すばる」一九九二年七月号）。

ふーん、そうだったのか。拾い読みもバカにはできない。拾い読みで人生ががらりと変わることもあるわけか。

ここで、ひとつ、スリリングな想像をしてみる。サガンが、もしも、第一篇の「スワン家のほうへ」からまっとうに読んでいたら、はたしてプルーストに魅了されていたか？

「プルーストからすべてを学んだ」と断言するような事態が生じていたか？

ノン、とぼくはいいたい。

そこに拾い読みの妙味がある。

中国の作家の莫言《モー・イエン》は、その作風がいわゆる魔術的リアリズム的なので、魔術的リアリズムというとかならずその名がでるガルシア・マルケスの影響はきっと大きい、とかねてからいわれてきた。

どうですか、影響はうけませんでしたか、と、本人に藤井省三《しょうぞう》がずばりたずねたインタヴューを読んで、ぼくはのけぞった。すごい返事がかえってきたのだ（「海燕」一九九二年四月号）。

影響はうけてますね、ととりあえず答えたあと、藤井の、たとえばどんな作品ですか、というつっこみに、ちょっと困ったようにこういっている。

「いろいろ読むには読んだのですが、どれも読み終えることが出

来なくて……（笑）。実は読みかけたというところまでも行きませんで……（笑）。たとえばマルケスの『百年の孤独』です。これは二、三ページ読むなり衝撃を受けまして、頭の中がどうしようもない興奮状態となってしまったのです。（中略）とても一冊読み通して勉強するなどという精神状態ではありませんでした」

これもまた拾い読みではないか。その妙味が露骨なまでにあらわれている。

子ども向けの本に、よく、ダイジェスト版というのがある。『トム・ソーヤーの冒険』とか『ピーター・パン』とか『シンデレラ』とかいった名作が、あちこち削られて、短くまとめられたものだ。削りかたにもいろいろあるし、削りかた次第で長さはいかようにもなるから、いきおい、ダイジェスト版の種類は多い。微妙に、あるいは大胆に、話を変えてしまっているダイジェスト版だってある。

ところが、うちの近所の図書館の子どもコーナーには、そのてのダイジェスト版がほとんど置かれていない。きわめて少ない。ダイジェスト版はいろいろあって、いちいち集めていたらきりがないし、収容できないから、ではないらしい。

あるとき、もうすこし簡単に読める版のはないんでしょうか、とカミさんが聞いたら、図書館員はこう答えたそうである。

「ダイジェスト版はなるたけ置かないようにしています。ダイジェスト版で物語を読んでしまった子はオリジナルを読まなくなってしまうのですよ」

この意見は、一見、正しそうだが、しかし、ほんとうに正しいか？


だれだったか忘れたが、昔、ある詩人が、たぶん宮沢賢治の作品にふれて、作品のダイジェストというものの不思議について書いていた。

その詩人、賢治が好きで、小さいときからかたっぱしから読んできた。ところが、そのうち、おなじ作品にも微妙なちがいがあることに気がついた。テキストがどうもちがうのだ。おなじ作品であるはずなのに、なんか、ちがう。まもなく理由は判明した。前に読んだのはダイジェストで、後に読んだのはオリジナルだったのだ。それがちがっている理由だった。詩人はショックをうけた。しかし、立派なオリジナルがあるのにダイジェストなんか読んで損したなあ、とショックをうけたのではない。そのショックは、そんな損得勘定とは程遠い、もっとスリリングなものだった。詩人は迷ったのだ。

——前に読んだのはたしかにダイジェストかもしれない、でも、後から読んだのがオリジナルだという保証はいったいどこにある？　そのオリジナルだって、賢治が書き直したり削ったりした末にできあがったものではないのか。だとしたら、ほんとうのオリジナルは、じぶんが読んだオリジナルとはまたべつなところにあるのではないか？

詩人は考えた。

——わたしは結局オリジナルにたどりつくことができないのではないか。

さらに考えた。

――では、たどりつけないそのオリジナルとはいったいどういう話なのだ？

詩人のおちいったこの混迷とこの惑い、これはほんとうにスリリングで、ほとんど危険ですらある。これぞ、作品という迷宮のなかにすっかり吸い込まれている状態である。

うちの近所の図書館員は「ダイジェスト版はなるたけ置かないようにしています。ダイジェスト版で物語を読んでしまった子はオリジナルを読まなくなってしまうのですよ」といったが、オリジナルについての詩人のこんな迷いを知ってしまうと、それはじつに浅はかなものに聞こえる。あまりにも楽天的なものに聞こえる。だって、この図書館員、オリジナルはいつでもそこにあって、すぐにもつかまえることができる、とのんきに考えているのだから。

読んだことも触ったこともなかったから、ダーウィンの『種の起源』という本が、じつは、もともとがダイジェストなのだった、とはぜんぜん知らなかった。

香内三郎《こううちさぶろう》のめっぽう痛快な本『ベストセラーの読まれ方』（ＮＨＫブックス）によると、本のフル・タイトルは『自然選択の方途による、すなわち生存闘争において有利なレースの存続することによる、種の起源』だそうで、著者のダーウィンは、その長いタイトルのなかにさらに「アブストラクト」すなわち「抄」なる言葉を加えるよう、最後まで主張して、出版社を困らせていたらしい。

ダーウィンがじつにゆったりとしたペースで研究をつづけながらぼんやりと考えていたタイトルは『ビッグ・ブック』という、もちろん仮称ではあるけれど、そっけないものだった。ところが、ある日とつぜん、かれとほぼおなじ研究をしている人間から論文がとどき、あわてふためいたダーウィンの周辺が、ともかく早く本にしちゃおうぜ、と『種の起源』をつくった。

しかし、『ビッグ・ブック』をあきらめきれないダーウィンは、これはほんの一部、要約本なのだからネ、と主張しつづけ、タイトルには「抄」を加えるよう、ねばったというのである。

『種の起源』のオリジナルの『ビッグ・ブック』は、さて、日の目を見たのか？

小説にはまずついちゃいないが、自伝や伝記や研究書にはたいてい本のお尻に索引《さくいん》がついている。自伝や伝記や研究書の場合、これがあるかないかで、その価値は大きく左右される。そのての本を買うとき、ぼくはまっさきに索引がついているかどうかを確認するが、それというのも、それがあると索引読みが可能だからだ。

索引読みは、その愛好者は多いとおもうが、索引を手掛かりにして本文を読むやりかた。

索引は、たいてい、人名や地名や組織

名といった固有名詞をアルファベット順に並べていて（すまない、洋書の話になっているね）、ていねいな索引だと、それぞれの項目に、さらに細かく内容の要旨がまとめてあったりする。たとえば、いま手元にキャロリン・キャサディの『オフ・ザ・ロード』があるが、その索引の「ケルアック、ジャック」の項には、「キャサディ夫婦とのサンフランシスコ時代」とか「鉄道で働く」とか「『オン・ザ・ロード』の出版」といった内容の要旨の紹介があって、ページが明記されている。だから、興味のそそられたところだけをただちに読むことができるわけだ。

そう、コンピューターでいう、ランダム・アクセスのようなものである。

索引読みは、味を知ると、やめられない。楽しむにしろ、情報をさがすにしろ、てっとりばやくかたづくからだ。アクセスしたところが全体の文脈のなかでどういう役割を果たしているのか、それが気になるなら、始めからきちんと読まなくては落ち着かないが、それを気にしなければ、なんとも心地良い読書のしかたである。

これも、もちろん、拾い読みの一種だろう。だけど、ぱらぱらページをめくりながら読むといった、あるいは、あてずっぽうに開いたページを読むといった正統的な拾い読み（変ないいかただね）と比べても、途方もない自由感がある。いや、自由感というよりは、解放感といったほうがいいか。いや、もっと素直に、本を読んでいるかんじがしない、といったらいいか。

いやいや、もっとはっきりいってしまおう。

索引読みの快感は、本をばらばらに解体していることから来る快感である。本がもっている統一性を踏みにじっていることから来る快感である。

索引読みは、索引が本のおしまいにあるのだから、本を後ろから読むということでもある。ふつう、本は前から読むから、このことだけをとると、この読みかたはまっとうな読書ではない。

しかし、膨大な本を前にしたときの、はて、読み通せるかしら、といった緊張感のような、本を読むことの窮屈さのなかには、本は前から読むものである、という約束事が主な原因になっている場合が多い。索引読みが快感なのは、そんな約束事を破るからだ。どこから読んでもいいのだということを実践させてくれるからだ。

フリオ・コルタサルの『石蹴り遊び』（水声社）やミロラド・パヴィチの『ハザール事典』（創元ライブラリ）をはじめて見たときに「！」とうれしくなったのは、ふたつとも、本の読みかたにまつわる約束事を破ろうとしているかに見えたからである。コルタサルのは、どこからでも好き勝手にお読みなさい、と、飛び飛びに読むための練習をさせてくれそうだったし、パヴィチのは、索引読みの極致である事典のスタイルで書かれていた。

香内三郎の『ベストセラーの読まれ方』によると、たくさん書評も書いていた『サロメ』のオスカー・ワイルドは、小説は後ろから読むほうがいい、という考えの持ち主だったようだ。

「結末を知っていれば、読者はヒーローが間一髪《かんいっぱつ》の差で危険から脱れようと、ヒロインが物すごく苦悩しようと、絶対に心を動かされないですむ」

ワイルドはなにをいいたかったのか。香内さんはこう解釈する。

「ワイルドが批判しているのは、白日夢《はくじつむ》のように、ヒーローか、ヒロインに同化して、小説の織り出す異世界にまるごと没入してしまう読者、あるいは読書の仕方（喰わず、眠らず夢中になって読む、というやつ）なのだ。この自足した閉じた世界に入ってしまうことが、一番快楽をひき出せる道なのかも知れないのだが、ワイルドは、それを認めない。作品の世界と距離をおかない読み方は、かえって想像力の展開をさまたげ、真の経験にならない、無益な感情の浪費を招くだけだ、とみるのである」

本文を読む前に「解説」とか「あとがき」を読むと本文を読む楽しみが減るから読まないほうがいい、という考えかたがあるが、そうともいいきれない、とぼくは思う。たとえば、ロビンソン・ジェファーズというアメリカの詩人の「サー岬の女たち」という長篇詩についていたジェファーズ研究者の解説を読んだときは、その詩への興味ががぜん強まったものだ。

この長篇詩がアメリカででたのは一九二七年だが、ジェファーズがゲラの校正をしているときちょうどドライサーの『アメリカの悲劇』の猥褻《わいせつ》表現をめぐっての裁判が進行中で、ジェファーズは、じぶんまで裁判に巻き込まれたらたまらん、とばかりにじぶんの詩をちょこちょこ書き直したんだそうだ。なにしろ、じつは、かなり猥褻な詩なのだ。解説によると、詩人は、「象牙《ぞうげ》と黄金のすらりとしなやかな娘たちがおまえの足元に這い寄ってきて、体をふるわせて、刺して、と頼むのだ」という一節の「刺して」（stab）を、「愛して」（love）に変えたらしい。

どうです、こういう解説を読むと本文をがぜん読む気になりませんか？


正直言うと、ジェファーズの「サー岬の女たち」を購入したのは、解説を読んで無性に読みたくなったからではない。以前、ダシール・ハメットを集中的に読んでいた

とき、ハメットが大変なジェファーズ贔屓《ひいき》である、と知ったので、これは一度は目を通さなきゃ、とおもったのだ。

なにしろ、ハメットは、一九三二年に、ジェファーズについてこう発言したのだ。

「いままで読んだなかで最高の、そしてもっとも残酷なストーリー・テラーだよ」

どうです、こうなると、少々でもハメットに興味があったら読みたくなるよね？　そのひとを知るにはそのひとの読んでいる本を読め、ということもあるし。

ハメットのジェファーズへの傾倒ぶりには、注目するひとは注目していたようで、一九八二年のハメットを主人公にしたヴィム・ヴェンダースの映画『ハメット』には、フレデリック・

フォレスト扮するハメットがひとりじっくりと「サー岬の女たち」を読むシーンがある。じつを言うと、このシーンを見た瞬間、ぼくは、この本が欲しい、と思ったのだ。

「解説」とハメットという組み合わせでおもいだしたが、ハメットのある翻訳本のとても親切な訳者のあとがきにすっかり感心したことがある。そのあとがきは、いかにも、このあとがきを読んだうえで本をお読みください、と言っているようだった。というか、このあとがきを読んだうえで本を買うかどうかお決めください、と言っているようだった。つぎのような一節があった。

「なお、原書は三人称多視点で書かれているが、訳出にあたってはルイーズ・フィッシャーの一視点に統一した。読みやすさを考えてのうえでである」（『闇の中から来た女』集英社）

　最初は仰天した。この訳者、いったいなにを考えてんだ、と思った。小説における視点って、小説の命ではないか。それを、読みやすさを考えて勝手に変えた？

でも、やがて考え直した。この訳者は、訳書は原書とはべつなものである、と言いたかっただけなのだ、と。それを承知したひとにだけ買ってほしいのだ、と。

ほら、ときには「解説」から読む必要もある。

谷沢永一《たにざわえいいち》の『回想　開高健』（ＰＨＰ文庫）にはすっかりのめりこんでしまったが、そのなかで、谷沢が、解説読みの楽しみ、というのを開陳している。

「私の悪しき性癖は、文学なら文学の、作品にはもとより愛着するが、それと同時に並行して、作品の成立史や評価史に淫する渉猟《しょうりょう》である。誰にも言うわけではないもの の、かなり以前から、解説読み、とひそかに自任していた。たしかに我ながら滑稽《こっけい》なのだが、いかなる書物の場合でも、序、跋《ばつ》、解説、かりに貶《おと》しめて言うならそれら附属品の類《たぐ》いに、まず惹きつけられるのである。どう謗《そし》られようとも、それらが何よりも面白いのだから致し方ない。

その結果として、当然、内外の諸作品をめぐる評語の定型を、たいてい私はそらんじていた。人には、評定を好むという厄介な傾きがあるとわきまえて、自分だってその最たるものと苦笑しながら、しかし一方、世の評定の十中八九は、決まり文句のキャッチボールにすぎない、と、だいたい見通しをつけていた」

解説を読んでいるだけでも、どうです、思いもかけない収穫がある。

歩きながら本を読むことがぼくにはできない。夢中で本を読んでいたのにどうしても歩きださなければならなくなったとき（電車をおりるとか、ひとと会う約束があってとびだすとか）、つづきを歩きながら読むということがたまにはあるが、まあ、十歩くらいが限度で、あとは読めない。理由は単純、ひとや車と衝突するのがこわい。

しかし、編集者の津野《つの》海太郎《かいたろう》はちがう。「私の総読書量のうちでは、ひろい意味での歩きながらの読書がいちばん多いのではあるまいか」といいきるぐらい、歩きながら本を読んでいる。なんと、夜道でも、読む。街灯が頼りだが、「街灯に近づくにつれてページ面がだんだん明かるくなり、また暗くなる」といったかんじがまた格別なようだ。たいしたもんである（『歩くひとりもの』ちくま文庫）。

津野によると、読んでいて衝突しやすいのは、動いているものではなくて、とまっているもの、であるらしい。とくに、（1）駐車中の車、（2）公園等の入口にある車止めの杭、があぶない。そうか、その二点に注意すれば読めるんだ、とぼくは一瞬おもったが、でもね、とまってる車はないか、杭はないか、と気にしてばかりで結局読めないだろうな。

津野が歩きながら本を読むのは、忙しいからではない。

「私の場合であれば、路上や喫茶店や電車の中での読書こそが当たりまえなのであって、自分の部屋で机にむかって本を読むことのほうが異例なのだ。歩きながら書に親しむすがたから二宮金次郎などを連想していただいても困る。歩きながら本を読み、かわりに部屋ではビデオを見ながらボケーッとしている。それが私」

そういえば、ぼくも、歩きながら本を読むことこそできないが、電車やバスのなかでは本を読む、というか、それがとても好きだ。とくに、バスの一人掛けの席にすわっての読書、あれは最高だ。その席が、運転手のすぐうしろの、つまり最前列の席だったりしたら、うん、もう、この世の天国だよ。バスがきて、とんとんと乗りこんで、その席があいているのを発見したときの喜び！　あれにかわるものはない。その席を確保したときは、渋滞も歓迎である。それどころか、待ち望む。すこしでも長い時間その席にすわっていたいと切実におもう。そして、本をながめ、すこしずつ変化する外の風景をながめる。と、幸福感のようなものにだんだんつつまれてくる。

この世には、というか、このニッポンには、本屋がくれるカバーをつけて読むひとと、つけないで読むひとと、二種類いる。ぼくは、学生だった昔は前者だったが、いまは後者だ。

しかし、その二種類の中身となると、これがじつに多種多様なようで、こないだ、カバー派の友人から聞いた話には、へえ、と感心した。その男、本を読むときは、ま

ず、表紙カバーをとってしまい、裸になった本に、新たに本屋がくれたカバーをつけて読むという。そして、読み終えると、本屋のカバーをとってまた裸にして、（1）表紙カバーを元通りにつける本、（2）表紙カバーは廃棄してしまう本、とに分類する。（1）は古本屋に売り、（2）は本棚にならべる、というのだ。

なぜ（1）は古本屋に行くのか？「きれいなほうが売りやすいでしょう」なるほど。商品はきれいなほうがいいか。

なぜ（2）を本棚に並べるのか？「裸のほうがね、時間がたってくると、なかなかいい色に変わってくるんだよ。ふふふ」なるほど。

ちなみに、この男、猟奇本をもっぱら好む。

「エクスパンデッド・ブック」という電子本のことを、津野海太郎の『本とコンピューター』（晶文社）を読んでいて知った。この本、テクストをコンピューターの画面に映し出して読んでいくのだが、ページの字面のフォーマットを自由に変えることができたり（これは気分の転換にいい）、文字の拡大が自由にできたり（これは目が疲れなくていい）、その機能にはあなどれないものがある。目で読むのに疲れたら音声に切り換えることができる、という機能もあり、それはすばらしい、と膝を打った。

ただ、音声に切り換えたときに、その声がそれまでの目の読書の気分を殺《そ》ぐことになりはしないか、と気になった。だって、もしも、飛ばし読みをしていたとしたら、ていねいに読んでいく朗読など、うっとうしいし、だいいち、ペースが狂ってしまう。

それとも、早送りの早聞きができるようになっているのか？

それとも、それまでの黙読の速度から、あっちが勝手にこっちに合った速度で読みはじめてくれるのか？

でもね、一定のスピードで読んでいるわけではないからね。

本を読むときはかならず横になって読む、という友人がいる。ソファに横になったり、畳に横になったり、ベッドに横になったり、と横になる場所はさまざまだが、ともかく、本を読むときはかならず横になって読む。

だから、この男、フランソワ・トリュフォーの映画『トリュフォーの思春期』を観ていて、寝たきりのひとに本を読むための機械を贈る場面がでてきたとき、目が輝いた。うん、あれが欲しい、と。

残念なことに、ぼくはその映画を観ていないので、どういう機械なのか、分からない。仰向け専用なのか、うつ伏せ専用なのか、横向き専用なのか。それとも、どういう姿勢にもこたえられるようにできているのか。

それから、ページをめくるのには手をつかうのか。あるいは手元にスイッチでもあるのか。

でも、いずれにせよ、どっかに固定して使用するようにできているのだろう。友人は寝たきりの身ではない。好んで横になっているだけだ。だから、固定式ではちょっと窮屈なんではないかと思うが、どうだろう。


横になって本を読むときのための機械、といったら、ぼくとしては、固定式ではなくて、本そのものに内蔵するのがいいとおもう。なにかスタンドがあって、そこに本を固定しておくというのでは、スタンドの存在が気になってしまう。だから、そうならないように、本そのものがひとりで空中に浮かぶように、浮遊装置を本のなかに内蔵させるのだ。そして、読んでいるこっちがすこし姿勢を変えると、それに合わせて、本もいっしょに動き、しかるべき場所でまた浮く。

ページをめくるときも、こっちの合図で、本がひとりでめくる。こっちが、うんッ、とか、ちちちッ、と言うと、その声をキャッチして、ページがめくられる。

ただ、この場合、困るのは、読んでいるときは静かにしていなければならないことで、音声に反応するので、静かにしていないと、つぎつぎとページがめくられてしまう。また、読むのがおそろしく速いひとにも、このシステムはちょっとつらいかもしれない。なにしろ、しょっちゅう、うんッ、うんッ、うんッ、と言っていなけりゃならないからだ。それと、途中で眠ってしまってガーガーいびきをかきはじめたときも、問題だ。ページがつぎつぎめくられていってしまう。

読んでいるうちに夢中になり、気がつくと朝になっていた、というふうな言いかたをするひとがけっこういるが、じつを言うと、ぼくにはあまりそういう体験が

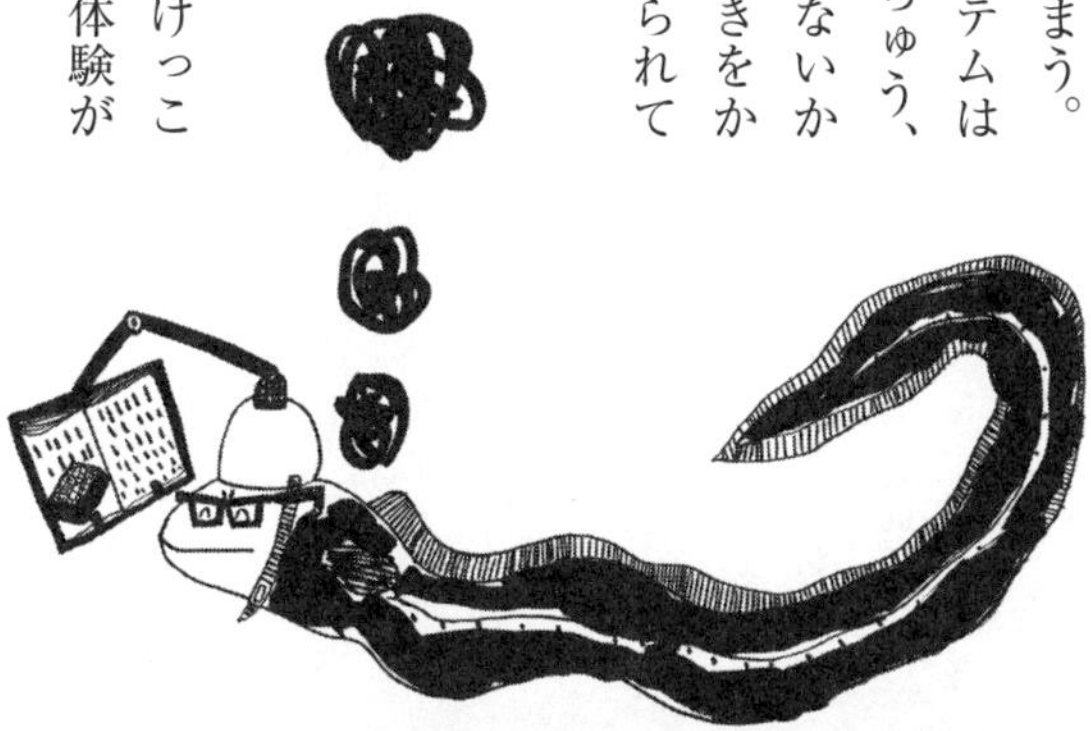

ない。遠い昔の学生時代に、二回か三回、そういう体験をしたが、そのときも、正直言うと、だんだん朝が近づいてきたので、ええい、一度はそういう体験もしてみようか、というかなり意識的なもので、「夢中」と言えるようなしろものではなかった。

だけど、読んでいるうちにうとうとと夢の中に入り、気がつくと朝になっていた、ということなら、しょっちゅうある。途中で寝てしまうのは、とりわけ横になって読んでいるときなどは、ごく当たり前のものになっている。目を覚ますと、つけっぱなしの電気をあわてて消して、ほんとうに寝る。

かなり深く眠ったらしくて、すっかり目が覚めて、この際だから、つづきを読むか、と思い立って、朝まで読むということなら、ときどきある。でも、そういうのは、「読んでいるうちに夢中になり、気がつくと朝になっていた」というものとはちょっとちがうだろう。そういうことができるひとって、睡魔とどうやって折り合いをつけているのか、不思議でしかたがない。

ぼくの場合、本を読むのを途中で決意してやめるのにはかなりの勇気がいる。読んでいるうちになんだかおもしろくなくなってきて、読みつづけるのが時間の無駄づかいのようにおもえてきても、決意して読むのをやめることがなかなかできない。

もちろん、読むのを途中でやめた本なら、いくらでもある。山のようにある。でも、それらは、読むのはやめた！　と断固決意したうえで読むのをやめた本ではなくて、なんだか読む気がしなくなったなあ、と曖昧《あいまい》な気持ちでいるうちに、なんとなくずるずる読まなくなったという本だ。たぶん、本を読むのを途中でやめるひとのほとんどは、なんとなくずるずるのケースなのではないかとおもう。

なぜ、毅然《きぜん》として決意できないのか。

（1）せっかく途中まで読んだのに、という気持ちがあるから？

（2）これからがおもしろくなるのかもしれない、という気持ちがあるから？

どっちだとしても、決意して読むのをやめることができないのは、こっちの心がさもしいから、ということになりそうだ。貧乏性のあらわれだ、と。

たまに、本を読むのを途中で決意してやめることがある。となると、大事件だ。だって、そんなこと、めったにないからで、こうなると、たいていの場合、せっせと吹聴してまわる。「いやあ、とても読んでいられなくなってさ、ほっぽりなげちゃったよ」とか「すっかり頭にきちゃって、ゴミ箱に捨てちゃったんだ」とか。

　こういうときの心理って、なかなかおかしい。じぶんが見識のあるいっぱしの批評家にでもなったような気分になってくるのだ。揺るぎない審美眼と価値観の持ち主にでもなったような気分になってく

るのだ。口調も、つい、傲慢《ごうまん》になってきて、だんだん態度まで大きくなってくる。しまいには、「へえ、あんたは最後まで読んだの？　感心だねえ。人間が大きいんだ」とかなんとか、聞き手をいたずらに挑発したりもする。

でも、本を読むのを途中で決意してやめたことをそんなにも吹聴してしまうのは、じつは、じぶんが毅然とした態度をとれたことがうれしくてたまらないからなのではないか。貧乏性じゃなかったことが証明できたような気がしてうれしいからなのではないか。だから、やったぞ！　てな顔で自慢してしまうのではないか。

翻訳本『フィネガンズ・ウェイク』（河出文庫）は、ことばが紙のうえでいかにも奇怪に愉快に踊り回っている不気味な大作で、ぼくの目はくるくる回って、そのうち、あっちを読んだりこっちを読んだりのランダム読みにはいり、結局のところは、読んだのか読まなかったのか、なんとも判定しようのないていたらくになってしまったのだが、なんなんだ、これは、と目が回ったひとはかなりいたようすで、訳者の柳瀬《やなせ》尚《なお》紀《き》の『フィネガン辛航紀《しんこうき》』（河出書房新社）によると、絵本作家の佐野洋子の反応もそういうものだったらしい。パーティで、柳瀬にこういったそうだ。

「なによ、これッ！って、放り投げたわよ。それからまた拾って、そうよ、ちゃんと拾ったの、そうしてまた読むわけ。それからまた放り投げて、拾って、放り投げて、拾って、とうとう最後まで読んでしまったんだから」

この発言を読んだとき、とっさにぼくがおもったのは、ああ、ここにもうひとり、本を読むのを途中で決意してやめることができない人間がいる、というものだった。

そうなのよ、放り投げても、また読んじゃうのよ、そうやって最後までいっちゃうのよ。

エッセイストのアニー・ディラードも、子どもの頃から、本を読むのを途中で決意してやめることができない人間だったようである。図書館からいろんな本を借りてきてはつぎつぎ読みまくっていたらしいのだが、どれもこれもどうしても最後まで読んでしまう。

「たいていの本は途中で駄目になってしまう」というみごとな見識を（ガキのくせして）立派にもっているのに、途中で読むのをやめることができない。

「始まりは実に良かった。半分過ぎたころ、作者はどう書いたらいいかわからなくなったのだ」といった感想をもったり、「こんなものを読むのはまったく災難というより他はない」といった怒りに駆られたりするのに、読むのはやめられない。「大人になったら、絶対にへまをしない。退屈になったら、海に出よう」といった決意はするのに、読むのをいますぐやめるという決意はできない（『アメリカン・チャイルドフッド』柳沢由実子訳、パピルス）。

こうなると、考えてしまう。

本を読むひとには貧乏性が多いってことなのか？

それとも、貧乏性のひとがそもそも本を読むということなのか？

それとも、本を読むのを途中で決意してやめることができないということは貧乏性とは関係ないのか？

RIZZOLI
NEW YORK

OXFORD
UNIVERSITY
PRESS
Vintage

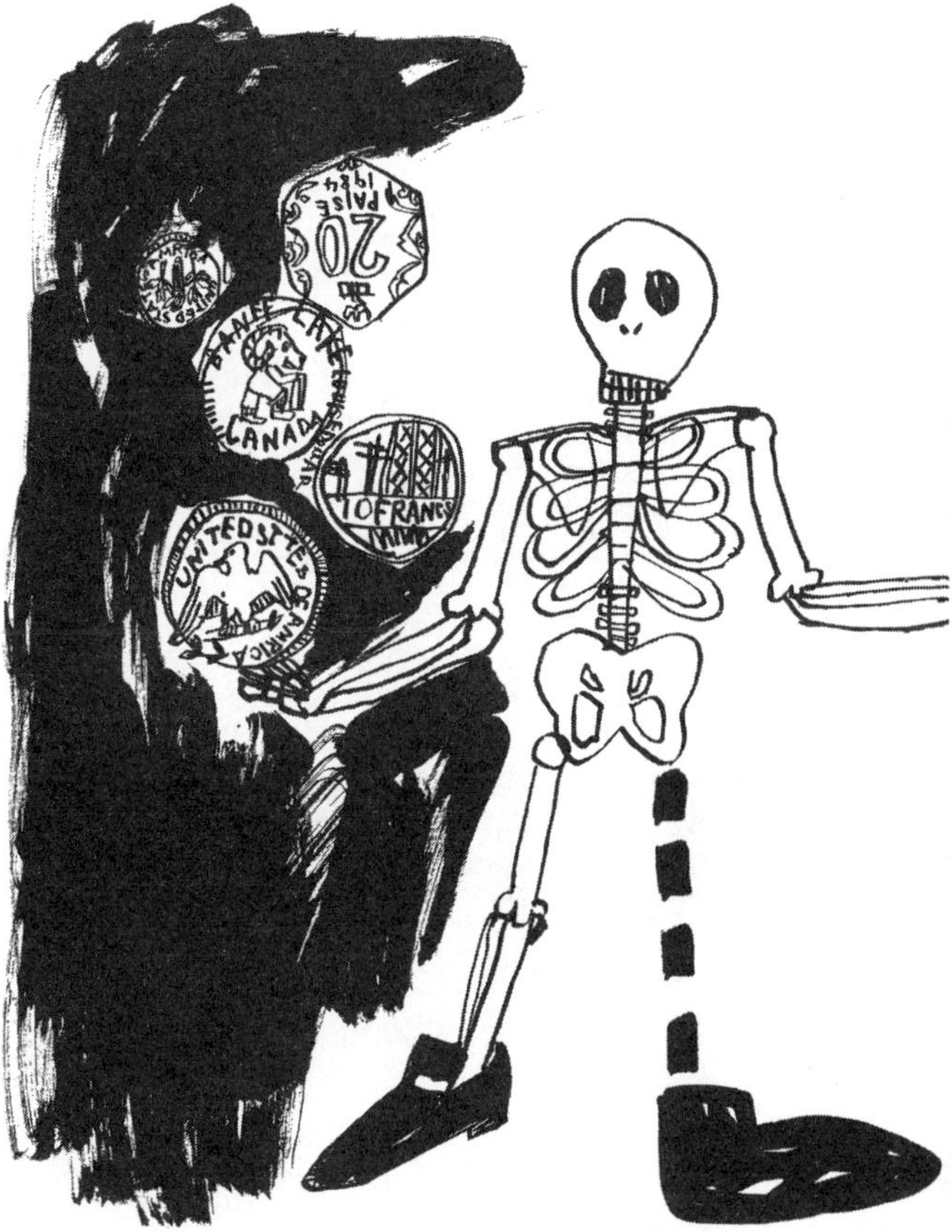

20
PAISE
1984
CANADA
10FRANCS

Finne gans Wake
James Joyce
Finnegans Wake
Finnegans Wake
James Joyce

おもしろいんでいっきに読んでしまった、とひとがいうのを聞くたびに、じぶんがいやになる。一冊の本をいっきに読むという経験がないわけではないが、のろのろ読んでいるのがだいたいいつものぼくの読みかただからだ。本の最後のページの数字をみ、いま読んでいるページの数字をみ、ふーッ、と溜め息をついている。残りのページを親指と人差指でつまんで、その厚みをはかるときの、敗北感のようなもの。親指をはなすと、まだ読んでいないページがぱらぱらとひとりでにめくられていく、それをながめるときの、虚しさのようなもの。ぼくはそのふたつの「ようなもの」のあいだで本を読んでいるみたいだ。『恋人たちの予感』という傑作な映画にも、本をいっきに読むのが苦手そうな男がでてくる。「あなたって性格に暗いところがあるんですってね」とある女性にいわれたその男はこう答えていた。

「かもしれない。たとえば新しい本を買うと、最後のページを最初に読んじゃうというところがある。そうしとけば、読み終わらないうちに死んでも、結末だけは分かってるわけだしね。そういうところが、まあ、性格の暗いところになるかな」

じつはぜんぜん暗くないその男に、ぼくはいった。結末なんか知らないほうが楽しいってこともあるぞ。

『鬼火《おにび》』というフランス映画、話の筋はあらかた忘れたが、いたく感動した記憶だけはのこっている。主人公が最後にピストル自殺をするときの、そのじつに落ち着いた、発作的というものとは程遠い、悠々としたやりかたに、心にじんとせまるものがあった。

その男は、毎晩日課のように、一冊の本を読んでいた。そしてとうとう読みおえた晩、それをしずかに閉じてテーブルのうえにおくと、引き出しからピストルをだして、まもなく、バン！　とじぶんを撃った。読んでいた本がなんなのかは、最後のこのシーンでわかるようにつくられていた。アメリカの作家F・スコット・フィッツジェラルドの『華麗なるギャツビー』だ。

昔は、このおもわせぶりのエンディングにあれこれ頭をひねったが、いまだったら、簡単にこう考える。人生もつまらないが、この本もつまらない。最後まで読みゃあおもしろくなるかとおもって読んだが、つまらねえ、くだらねえ、とそうおもって自殺したんじゃないか。そのほうが、『鬼火』のニヒルな雰囲気にあっているなあ、とおもう。読むのを途中でやめてゴミ箱に放りなげ、そして、バン！　とやっていたら、もっと衝撃的だったんじゃないかな、とさえおもう。

ティム・オブライエンの「死者を生かす物語」なる作品に、ティムという中年の小説家が、遠い昔に死んでしまった初恋の少女と、夜の夢のなかで、抱き合いながらアイススケートをするシーンがある。このとき、甦《よみがえ》ってきた少女は、本と図書館の比喩で、死んでいるとはどういうことか、を語る（『世界は何回も消滅する』筑摩書房）。

「「いまはさ」彼女は言った。「あたしは死んでない。でも、死んでるときは、そうねえ……よく分かんないけど、だれも読まない本のなかにでもいるようなかんじかな」

「本?」とわたし。

「古い本。図書館の棚にあって、そりゃもう安全そのものだけど、ほんとに長いこと借り出されてないの。じっと待つだけ。だれかが取り出して読みはじめてくれないかなあって期待する毎日」

さて、この比喩、個人の本棚に長いこと並べられっぱなしでまだ読まれていない本にも通用するだろうか?

通用しない、とおもう。というのも、個人の本棚の場合、というか、ぼくの本棚の場合、並べられっぱなしでまだ読まれていない本、といっても、図書館の棚にあるそういうものと比べたら、ほとんど読まれた本も同然だからだ。もちろん、その読まれかたには(1)表紙と目次と、本文の一部をぱらぱら眺めたもの、(2)表紙と目次と、本文を途中まで読んだもの、(3)表紙と目次と、本文を適宜適量読んだもの、(4)表紙と目次と、本文を最後まで読んだもの、と幾種類もあるけれど。

本は最後まで読むもんだ、と決めたのはだれだ？　いや、待てよ、そんな決まり、あったっけ？　よくよく考えてみると、そんなの、ないぞ。たんに、小さい頃、本ひとつ最後まできちんと読めないようでは、おまえ、なにもできませんよ、と母親あたりから注意でもされただけの話ではないのか。それが意識の深層に沈んでいるだけのことではないのか。本は破いてはいけません、とか、踏んではいけません、とか、本にはいろんな注意事項が昔からついてまわっているが、本を最後まで読むということも、じつは、本をめぐるしつけのひとつにすぎないのかもしれない。

ところが、デブラ・スパークの『蛙たちが死んだ夏』（筑摩書房）には、そんなしつけなどとてもしそうにない父親がでてきた。この父親、大変な読書家で、寝室には本がどっさり積みあげてあるし、食後も、何冊もの本をもってきて、読む。しかし、その読書のモットーというのがすごい。

「小説は読まない。最後まで読まない」（古屋美登里訳）

ローマ帝国史を二十ページ、車関係のを十五ページ、宇宙関係のを三十五ページ、といったふうにつぎつぎと読んでいく。まあ、そういうひとはいないわけではない。でもね、「最後まで読まない」というルールをつくるひとは珍しい。

意地悪ばあさんのフランス版ともいえそうな『ダニエルばあちゃん』という映画で、このばあさん、いそがしい意地悪の合間をぬって、せっせと本を読んでいる。本を読んでいるといかにも品のいいおばあさんという雰囲気になって、あれ、さっきの意地悪は嘘だったんだろうか、とおもわされるが、品のよさと意地悪は両立するようで、一瞬後には、とんでもない意地悪をしでかしている。

読んでいる本はいつもおなじだ。というか、読み終わらないのだ。バーバラ・カートランドの本で、書名まではスクリーンからは読みとれなかったが、このひとはロマンス作家だったとおもうから、まあ、そのての小説だろう。それをいつも神妙な顔で読んでいる。老メイドに意地悪しながら暮らしていた田舎ででも、その老メイドが（ばあちゃんの意地悪が間接的な原因で）死んだために甥《おい》夫婦のいるパリへ引っ越してきてからも、ずっと読んでいる。ときどき「早く読んでしまいたいんだ」とこぼす。

ああ、ここにも、本を読み終えられなくていらいらしている人間がいた、と本を読むのが遅いぼくは共感を覚えた。

そんなことでいらいらするのなら読まなきゃいいのにね。でも、読む。

この矛盾って、なんだろうかね、意地悪ばあさん。

アン・タイラーの『アクシデンタル・ツーリスト』（早川書房）の小説としての魅力は簡単にいいつくせないほどに深い。話の主要な流れとはあまり関係のないところででも、たとえば、主人公の本の読みかたがじつに変わっている。

かれの仕事はビジネスマン向けの旅行ガイドブックの執筆で、旅にはかならず本を持参すること、とじぶんのガイドブックには書いている。他人と無駄なおしゃべりをしないための防衛手段として最適だから、というのがその理由。なるほど、たしかに本にはそういう効用もある。

本人もそれを実践している。ところが、なんと、驚くなかれ、かれのは一一九八ページ（！）もあるのだ。しかも、それをもう何年も連れ歩いている。

「『ミス・マッキントッシュ』にはすじなどないのだが、しかしいつ読んでも面白く、どの部分もアット・ランダムに愉しめるのだった。彼は顔を起こすときは必ず読んでいるところを指で押さえるようにし、いかにも考えにふけっているような顔をした」

（田口俊樹訳）

出張の新幹線の行きと帰りで本を計二冊読んでしまうというビジネスマンは多いだろう。でも、この本の主人公みたいなやりかたで本を読んでいるひとは、そうはいまい。『ミス・マッキントッシュ』ってどんな本なのか、おおいに興味をそそられる。

『ザ・ベスト・アメリカン・ショート・ストーリーズ』という短篇の年鑑がアメリカにはあって、いろいろなひとが、毎年、選者になって作品を選んでいる。一九九三年版の選者は小説家のルイーズ・アードリック。実りの多い一年で、絞り込むのに苦労した、と序文で書いている。シリーズの編集者がまず二千五百もの短篇群から百二十篇選び、それをアードリックが二十篇に絞った。

選考にあたっては公平を期して、いつも同じ環境で読むように努めた、とアードリックは書いている。その奮闘ぶりが涙ぐましい。

（1）読む場所は床の一箇所に決めて、そこに枕をいくつも置いて、よりかかって読んだ。（2）読む時間は夕方のある時間に決めた。（3）照明の度数はいつも同じにした。（4）心を清めるために何度か熱いお風呂にはいったが、そのときもお湯の温度はいつも同じにした。（5）集中できるように、腹筋運動をした（言及はないが、きっと、いつもおなじ回数だろう）。（6）口にした食べ物は一種類で、ヴァーネル社のスナック、リコリス・ツイスターズだ。（7）飲み物は水で、ワインはいっさい口にしなかった。

こうして読む作品の作者名はもちろんあらかじめ消してあるのだが、それにしてもね、公平を期すのって、大変である。そもそも可能なのか？

現代のアメリカ短篇のアンソロジーを編んださい、批評家のブルース・ウィバーは、読者の仕事とは著者の意図を探すことではない、と言った。作品のテーマとか、作品のメッセージとか、そんなことを気にかけて読んではいけない、と（*Look Who's Talking* ワシントン・スクウェア・プレス）。

「だいいち、もしも小説がひとつのメッセージやひとつのテーマに圧縮できるのだとしたら、著者はそもそもなんで小説を書く必要があったんだろう？　メッセージを一言書けば、それで済んだではないか。大事なことは、著者も、意味を探しながら、書いているということだ。それが、著者のつらい仕事なのだ。読者の仕事は、反応すること、である。読書とは、著者の意図や目的を、それがまるですばしこい小動物であるかのごとく、追いかけまわすことではない。本を楽しむためには、本の出来がどうだこうだと考える必要などないのだ。

読者はみな、それぞれに認識する。書いてあることを、それぞれのじぶんの光のなかで、受けとめたり、受けとめ損なったりする。かくして、書いてあることの「意味」は、じぶんがどういう人間であるかということと密接にからまりあってくるのだ。そして、じぶんの心の変化や成長で、どんどん変わっていく」

全集とか選集の宣伝パンフレットというやつ、これがなかなか馬鹿にできない読み物である。これからでる一連の本の、ないしは著者たちの魅力を、熱っぽく、簡潔に、的確に語るのが、それの役割

なのだから、なかなか読ませるし、いろんな貴重な情報もけっこういっぱい詰まっている。一冊の本やひとりの作家のエッセンスをてっとりばやく知る道具として、そこらの中途半端な辞書より、はるかに役にたつ。

ウディ・アレンも、きっとそのてのものが好きで好きでたまらないひとなんだろう、本の宣伝パンフレットにヒントを得た短篇をいくつも書いている。『羽根むしられて』（河出文庫）や『これでおあいこ』（河出文庫）や『ぼくの副作用』（CBSソニー出版）のあちこちにはいっているそういうものを読むと、パンフレットの勘所《かんどころ》をきちっとおさえていて、ヒヒヒと笑ってしまう。

でも、笑ったあと、ちょっと考えた。なるほど、一冊の本やひとりの作家のエッセンスなんて、わざわざ本を読まなくてもこの程度の説明で分かっちゃうんだ。それじゃあ、ひとはなんでわざわざ本を読んだりするんだ？

きっと、本のエッセンスを吸収するのとはちがう喜びがあるんだろう。

昔の、ないしは年長の作家の本をひらくと、ときどき、年譜《ねんぷ》が載っている。その作家がいつどこで生まれ、どこでどんなふうに育ち、いくつのときにどんな人間と出会い、最初の作品はいくつで書いたか、といったことが年代順に書かれているのだが、ぼくはこの年譜というものが好きだ。ぼんやりと年譜をながめていることもしょっちゅうだ。そして考えている。そうか、このひとは、いまのおれの年齢のときはこういうことをしていたのか。へえ、このひとは、いまのおれの年齢のときに、こういう決意をしたのか、と。そう、年譜が好きなのは、作家がだんぜん身近な存在に見えてくるからだろう。いまからでも遅くない、よし、おれもやっぱりあれをはじめるか、と元気づけられたりもする。

『フロベールの鸚鵡《おうむ》』（白水社）というジュリアン・バーンズの小説はフランスの大作家のフロベールに夢中なひとりの男の話だが、なかに「年譜」という章があって、フロベールの三種類の年譜が並べてある。三つの年譜はそれぞれ違った三つの視点から大作家の人生をながめていて、大作家の三種類の人生が浮かびあがってくるという仕掛けだ。べつに三重生活をしていたわけではない。見方ひとつで、ひとつの人生もいろいろに見えるということで、この章、年譜好きにはたまらなく感動的である。

ミラン・クンデラの『存在の耐えられない軽さ』（集英社文庫）のヒーローとヒロインは犬を飼っていて、体は父親のシェパード犬、頭は母親のバーナード犬、をおもわせるメスの雑種だが、その名前がふるっている。カレーニンというのだ。最初は、トルストイはどうか、という話もあったが、メスだというので×。じゃあ、アンナ・カレーニナがいい、ということになったが、もったいない、ということでこれまた×。そして、いやはや、かわいそうな夫の名前に落ち着いた。

なんで、トルストイの『アンナ・カレーニナ』の周辺から名前が選ばれたかというと、ヒロインがプラハにヒーローをとつぜん訪ねてきたとき、その本を小脇に抱えていたからである。彼女は、本は、読むのももちろん好きだが、小脇に抱えて町を歩くのも好きな女性なのだ。本という「物」自体も好きな女性なのだ。

「本は彼女にとっては前世紀のダンディーが持つエレガントなステッキと同じ意味を持っていた」（千野栄一訳）

わかるなあ、とちょっと共感してしまう。天気のいい日、鞄《かばん》ひとつもたず、本を一冊だけもって、軽装で町にでかけたりするとき、本は、ほんと、ステッキみたいで、おッ、おれってダンディなのかもしれない、と幸せな気持ちにひたること、あるもの。

『存在の耐えられない軽さ』のヒロインにとって、本は、独特の意味があった。本を読むことでつまらない生活から逃亡できる、という喜びももちろんあったが、それ以上に、本は「より高いところ」の象徴だったのだ。本をもっているひとは、他のひとよりも高いもの、に見えたのだ。彼女がヒーローを追いかけてプラハに来たのも、かれはじつにさりげなく本を携帯しているひとだったからで、それがうらやましかった。

彼女は、そう、大変な向上心の持ち主、というか、より高いところへ向かうひと、なのである。『アンナ・カレーニナ』を小脇に抱えて来たのも、それがかれの世界、「より高いところ」への「入場券」になるとおもったからである。

しかし、『存在の耐えられない軽さ』は、重さと軽さ、高さと低さ、をめぐって展開する話である。重いのってほんとうに重いの？　高いのってほんとうに高いの？と、それはもういろんな観点から吟味されていくから、本は「より高いところ」の象徴だというヒロインの考えかたもけっしてすんなり受け入れられたりしない。本とダンディのステッキの比較についても、じつはあまり正確とはいえない、とすぐあとで修正されている。

前世紀、ダンディのステッキはおしゃれだったが、いまどき、本はおしゃれじゃないし流行遅れである、と。

イギリスのデイヴィッド・ロッジの『素敵な仕事』というコメディ。読みながらずいぶん笑った。主要な登場人物である一組の男女はいろいろと対照的で、ふたりの話はいつもちぐはぐで、しょっちゅうかみあわない。

女の仕事は、本を読むこと。しかも、読みかたがハンパじゃない。なにしろ、ポスト構造主義の文芸批評とフェミニズム批評が生きがいで、「人生は短く、批評は長い」

とおもっている、そんな大学講師だ。

いっぽう、男の仕事は、鋳物《いもの》工場の経営。本などろくすっぽ読んだことがない。読む暇もない。それが、ひょんな成り行きで、『嵐が丘』を読む羽目になる。「初めから終わりまで誰が誰だかよくわからなかったよ」と、かれは感想をのべる。似たような名前の人物たちがとっかえひっかえでてきてこんがらかった、と。

「たいていの人は、あれがもっと単純明快な小説だったら楽しむだろうにね」

すると、女性講師は答えた。

「難しさが意味を生むのよ。難しいと読者は、いってみればもっと一生懸命に仕事をするのよ」

仕事って読書が？　ときょとんとしている男に彼女はさらにたたみかけていった。

「ここでは読書が仕事なのよ。読書が生産なのよ。そうして、わたしたちが生産するのは意味なのよ」（高儀進訳）

けっけっけと笑いながらも、やれやれ、と溜め息もでた。

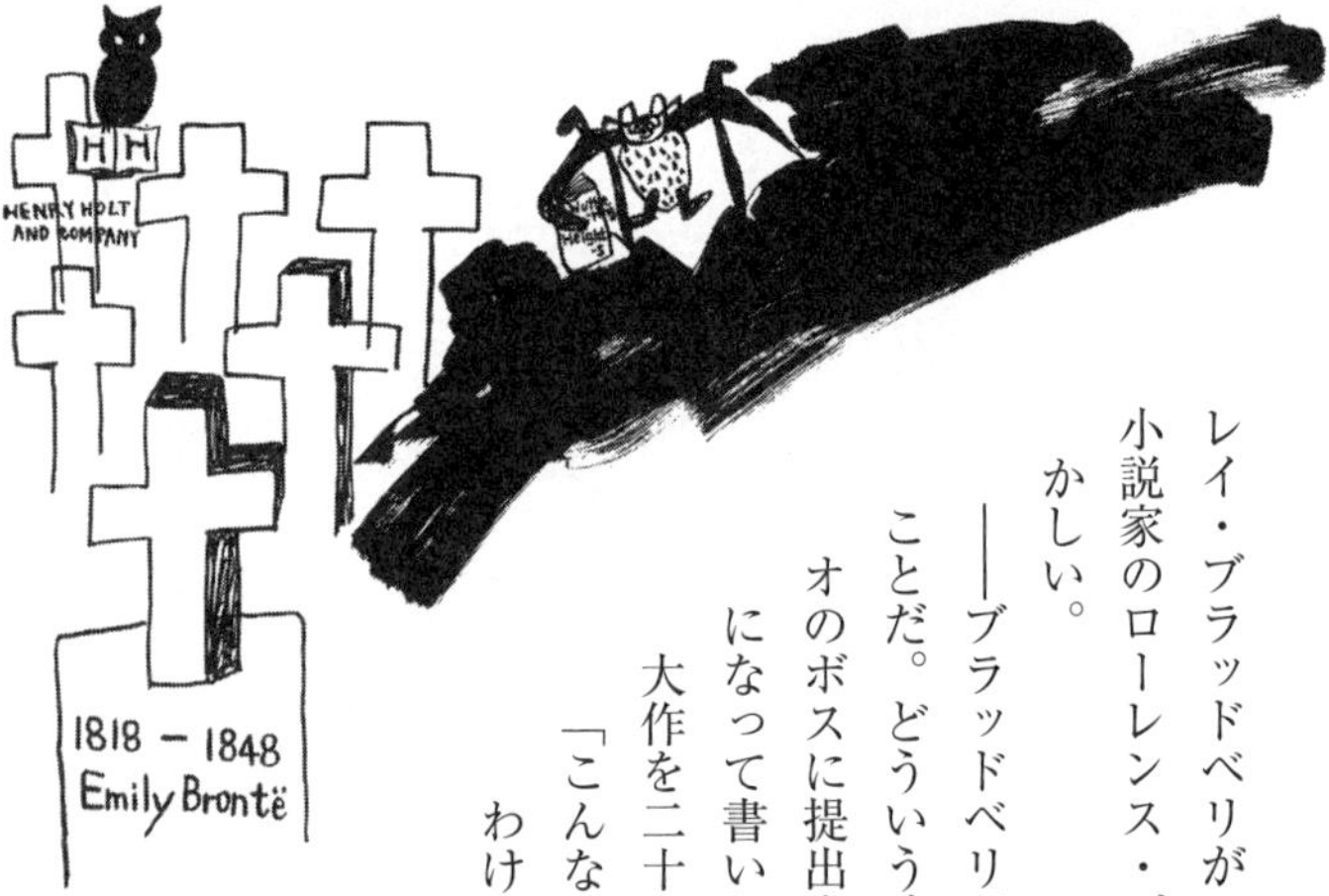

レイ・ブラッドベリが『白鯨』のあらすじを書くべく奮闘した話がある。小説家のローレンス・ゴンザレスから聞いたのだが、これがなかなかおかしい。

――ブラッドベリが『白鯨』の映画脚本を書くことになったときのことだ。どういう映画になるのかわかるように、あらすじをスタジオのボスに提出するようにいわれた。ブラッドベリはしゃかりきになって書いた。昼も夜も机に向かい、とうとうメルヴィルの大作を二十ページのあらすじにまとめた。すると、いわれた。

「こんなの、ボスに見せられんね。こんなに長いの、読むわけないだろ。一ページにまとめてこい」

ブラッドベリはここでくじけず、タイプの前にもどると、ふたたびしゃかりきになって書いた。そしてついに、あの古典の大作をタイプ用紙一ページきっかりでみごとにまとめた。と、また、いわれた。

「だめだ。こんなに入り組んだの、読むわけないだろ」

とうとうカッと来て、ブラッドベリはタイプに真っ白の用紙を巻き込むと、書いた。

「これは鯨にカッと来た男の物語である」

あらすじとは、いったい、なんなのだ？


『フライド・グリーン・トマト』という、アメリカの南部を舞台にした、主要人物は全員が女の、いわば、女の友情を描いた、非常に後味のいい映画を見ていたら、法廷のシーンで、『白鯨』がいきなりでてきた。しかも、その登場のしかたがいい。

主要人物の女たちのひとりが殺人の容疑で起訴されて法廷にたたされた。いろんな証人の証言がつづくうちに、被告の立場はきわめて不利になってきて、有罪は確定とみえた。そんななか、最後の証人として、牧師が法廷にはいってきた。係が、まず宣誓を、といって聖書をさしだすと、牧師は「わたしは牧師だ。聖書は持参している」といい、持参してきた聖書に手をおいて宣誓し、証言台にすわった。そして、いやはやなんとも、偽証につぐ偽証を言い放つ。

おかげで、被告は無罪。もちろん大喜びだが、でも、どうして、という気持ちは拭《ぬぐ》えない。聖書に宣誓した牧師が偽証していいの？

すると、その牧師の娘で、被告の友人である女が、いう。「あれは『白鯨』なの」

笑った。たしかに厚さもおなじくらいである。


ジャネット・ウィンターソンの果物小説『さくらんぼの性は』（白水Uブックス）に、部屋の掃除をしていた主人公のひとりが、ベッドの下に子どものころに読んだ本をどっさり見つけ、箱のなかにどんどんぶちこんでかたづけるというシーンがある。どうってことないシーンなのだが、次の一節にはひっかかった。

「中に一冊だけ、よく覚えている本があった。あまりはっきり覚えているので、イメージとしてではなく、舌の上に味覚として蘇ってくる――それくらい、それは鮮明な記憶だった。その本を読んでいたとき、外は雨だった。雨が降っていて、クリスマス

のすぐ後だった」（岸本佐知子訳）

この主人公が「はっきり覚えている」のは、本の中身なのか、それとも、外は雨だったという、本を読んでいたときの状況なのか、はて、どっちなんだろう。

本の中身と、本を読んでいた、あるいは、本と出会った状況と、どっちのほうがおもいだしやすいか、といったら、ぜんぜん状況のほうである。

こういうのって、ぼくだけかな。

パトリック・ジュースキントの『ゾマーさんのこと』（文藝春秋）。挿絵が印象的な本で、描いているのはジャン＝ジャック・サンペで、フランスの人気画家。ちょっとおとぼけ、ちょっとほのぼの、ちょっとユーモラス、のタッチの絵で、まあ、だれでも一度はどこかで見たことがあるにちがいない。なかなかに楽しい本。

しかし、読み終えてから、はたと気がついたのだ。楽しい本、という印象は、じつは、挿絵のせいなんではないか。サンペの絵のせいなんではないか。

ジュースキントの書いた話そのものは、けっして、ちょっとおとぼけ、ちょっとほのぼの、ちょっとユーモラス、の気分のものではない。なにしろ、雨が降ろうが嵐になろうが、ひたすら杖をついてすたすた歩きまわる、無口の、正体不明の、狂気の男の話である。その姿に畏怖をおぼえる少年の話である。

もしも挿絵がなかったら、いや、サンペのとは似ても似つかないタッチの画家が挿絵を描いていたとしたら、きっと印象はがらりと変わっていたろう。なかなかに暗い本、てなことにもなりかねない。

読後感は、かように、本のさまざまな要素に左右される。

フィリップ・ロスの小説に『乳房になった男』（集英社文庫）というのがあって、大学教授のある男が、ある日とつぜん、巨大な女性の乳房になってしまうという、奇想天外な話である。訪ねてきた恋人は、男の変わりはてた姿に唖然とするが、男は「乳首にさわって。うんうん、気持ちいい、気持ちいい」とうっとりして、恋人を悩ませ

る。なんだ、この変に触感的な話は、と首をひねりながら考えこんだ記憶がある。

初版がでたのは一九七二年で、その本には挿絵はついてなかった。だから、乳房になった男を想像するのは、あまりにも素《す》っ頓狂《とんきょう》ゆえ、むずかしかった。ところが、なんと、一九九〇年、まったくいきなり、新版がでて、それには挿絵がついていた。問題の乳房は、巨大なおまんじゅうのようなふわふわに子象の鼻のようなぶらぶらがついたしろもので、脚立みたいなものの上にのっかっている。描いたのはフィリップ・ガストン。この抽象の大画家、いっとき新聞漫画に熱中したことがあって、そのとき偶然に知り合ったロスに、『乳房になった男』を読んでこれを描いてくれたらしいのである。もっと早くにこの絵を公開してくれていたら、変に考えこんだりしないで、げらげら笑ったのに、とぼくは悔しかった。

フラゴナールが描いた「本を読む少女」という絵を初めて見たのは大学の一年の頃だったと思う。たちまち魅了された。フラゴナールなる名前を知ったのもそのときが初めてで、その名前のやわらかいひびきも、また気に入った。じつはとても有名な絵で、百科事典でフラゴナールの項を引くと、「ジャン＝オノレ・フラゴナール、十八世紀のフランス・ロココの代表的画家のひとり」といった説明といっしょに、この「本を読む少女」が写真で載っていたりする。でも、ぼくは、大学の一年のときに出会うまで、画家のことはもちろん、絵のほうも知らなかった。

どういうきっかけで見ることになったのか、は覚えていない。でも、なにに魅了されたのか、だけはよく覚えている。

あったかそうだなあ。

これである。これに魅了された。絵全体にただようあったかさに、そう、幸福のようなものがうかがえて、あッ、いい、と思ったのだ。本を読んでいるとこういう幸福のあったかさにつつまれるのだ、とそのとき思ったかどうかは覚えていない。あったかそうだなあ。これだけである。

当時のぼくはそんなに冷え冷えとした毎日を過ごしていたのか。

フラゴナールの「本を読む少女」があったかそうなのは、少女が背中にあてているふかふかとしたクッションのせいかもしれない。少女の体に負けないくらい大きなクッションが、少女の体に押されて、いっそうふっくらとして、まるで、焼きたてのパンか、風呂あがりのぷくんとしたおしりかおっぱいのようだ。そのふくらみに平行するように、少女の洋服の胸もふっくらふくらみ、その胸の先に手があって、そこに本がのっている。本は右手だけで持ち、ページは親指だけで押さえている。

あったかそうなのは、もちろん、光のせいでもある。赤とオレンジと黄が混じったような、なんかこう赤外線的な色の光がそこいらじゅうにあふれている。影も濃い赤でできていて、どうみても、ぽっかぽか。周囲は壁だけだから、どうやら部屋の隅っこらしいが、しかし、窮屈そうなかんじがぜんぜんないのは、まちがいなく豊富な赤い光のおかげである。

よくよく眺めると、本の開かれたページがぜんたいのなかで一番白い。白熱したかんじがある。どうやらそこが光源なのだ。そこから赤外線が発されている。あったかさは、本が源だ。

ジャニス・ジョプリンというと、パブロフの犬的に、愛読書は『ゼルダ』(新潮社)だったな、とすぐ頭に浮かぶ。ゼルダ・フィッツジェラルドの伝記である。デイヴィッド・ドルトンの『ジャニス――ブルースに死す』(晶文社)という伝記が、その本を読んでいるジャニスの素晴らしいシーンで始まっていたのだ。

「ジャニスは本を読んでいる。彼女自身の大空に舞い上り、ナンシー・ミルフォードの『ゼルダ』の世界に隠れている。本のカバーは絶好の隠れ家だ。炎のような緑青《ろくしょう》が緑に輝く孔雀《くじゃく》の羽模様のそれは、彼女の指輪をはめた手の中で、一冊の本というよりも、小さくまとめられた花束のように見える」（田川律・板倉まり訳）

そして「面白い？」とドルトンが聞くと、「この本のこと、それともゼルダのこと？　本は、そうでもない。彼女の生き方よ、面白いのは。きっと私みたいに、ひどい気狂いだったんだよ」と語りはじめ、本のあちこちを開きながら、本をいじくりまわしながら、ゼルダのこと、じぶんのこと、を一所懸命に話す。そんな姿の描写が数ページつづく。

その姿は、フラゴナールの「本を読む少女」の少女の姿そのものだ。

気分のいいときは、たいていの本も、とても素晴らしくみえる。とくに、恋しいだれかとしばし至福の時をすごして、心のなかがぽかぽかしていたら、どんな本でも素晴らしくみえるだろう。

その一例。つぎの文章中の「彼」は「エレン・オレンスカ」なる女性にぞっこんで、ちょっと楽しい時を彼女と過ごしてきた。帰宅すると、注文していた本がどっさりとどいている。

「次々に本が手から落ちていく。突然、そのなかに『生命の家』という題名に惹かれて注文した小さな詩集が見つかって、うれしくなった。彼はそれを取りあげ、たちまちこれまで本で味わったことのない雰囲気《ふんいき》に飛びこんだことがわかった。ひどく暖かくて、ゆたかで、それでいて、言いようがないほどやさしいので、人間のもっとも基本的な情熱が、新しい、心に取りついて離れない美しさを与えられている。一晩中彼は、この魅力的なページのなかに、エレン・オレンスカの顔をした女性の幻を追い求めた」（イーディス・ウォートン『エイジ・オブ・イノセンス』大社淑子訳、新潮文庫）

だまされてはいけない。「ひどく暖かくて、ゆたかで、それでいて、言いようがないほどやさしいので、人間のもっとも基本的な情熱が、新しい、心に取りついて離れない美しさを与えられている」という感想は、『生命の家』という詩集の感想ではないぞ。そのときの彼自身の幸福感の表明だ。

彼自身が、これまで本で味わったことのない、ひどく暖かい、ゆたかな、それでいて言いようがないほどやさしい、人間の基本的な情熱を、新しい、心に取りついて離れない美しいものにしている、そんな状態にあるので、『生命の家』がそう見える。『生命の家』も、多少は、そういう雰囲気のただよう詩集ではあるのだろう。でも、『生命の家』にがぜん生命をあたえているのは、幸福感でいっぱいの「彼」という読者である。

電車のなかで、手持ち無沙汰《ぶさた》のとき、ひとが読んでいるものを覗《のぞ》いて読むということが、ときどきある。覗かれてたほうは気がつくとたいてい嫌な顔をするから、覗いてたこっちもそこでたいがい読むのをやめるが、こういう、いうなれば覗きの瞬間の読書で読んだものって、けっこう頭に残っていたりする。

そしたら、同類がいた。ペドロ・アルモドバルの『パティ・ディプーサ』（水声社）の超尻軽女パティ。

「ふとどこかで読んだことのあるフレーズが頭に浮かんできた。わたしは本を読むのが好きなのよ。バスの中や待合い室や喫茶店のカウンターで、本を読んでいる人を見かけると、無性に本が読みたくなるの。そのフレーズはカウンターに座ってた人の背中越しに読んだものよ。「幸福は大胆な人の従者である」なにかそんなかんじだったわ」（杉山晃訳）

そのとおりだ、パティ。覗きの瞬間の読書って、相手の読んでいる本がなんであるのかがわからないぶん、スリリングで充実した読書になることが多い。読んだわずかな箇所を無意識のうちに暗記しちゃったりする。

アルモドバルの『パティ・ディプーサ』には、映画監督でもあるアルモドバル自身の体験を生かしてか、「世界的な映画監督になるためのアドバイス」という作品がはいっている。これがおかしい。世界的な映画監督になるためには他人の映画にも的確なコメントが即座に言えなくて

はならない、という助言があって、具体例がいくつかでている。これが、ほんのちょっと直すだけで、本へのコメントとしてもつかえそうである。やってみようか。

・どうしようもなく退屈で、途中で読むのをやめたくなったのなら→「ほんとにやきもきさせる作品だよ」

・つかみどころのない作品だったら→「編集者はがんばったよ」

・文章がひどければ→「不思議な美しさの作品だね」

・著者がたんに若いというのであれば→「初々《ういうい》しいね」

・著者が年寄りだったら→「円熟の境地だね」

・なにがなんだかよくわからない作品だっ

たら↓「いろいろ考えさせられたよ」

ロバート・アルトマンの『ショート・カッツ』を観た。レイモンド・カーヴァーの九つの短篇と一つの詩をもとにして作った映画である。ただし、合計十篇のオムニバス映画というわけではなくて、十篇が混じり合って、大きなひとつの話になっている。ぼくは、カーヴァーの十篇ぜんぶは読んじゃいないが、半数以上は読んでいたから、それぞれの話がどういうふうにからまりあっているのか、それに注意しながら、観た。

ところが、なかなかわからない。こっちがおぼろげに記憶している話のいくつかは、たしかに、その片鱗《へんりん》があちこちにでてくることはでてくる。あッ、このシーンはあの短篇だな、と一瞬わかる。しかし、それは一瞬のことで、すぐわからなくなる。話の細部が、はて、映画に描かれているようなものだったかなあ、と即座に判定できない。原作の細部をおもいだそうとすればするほど、頭がくらくらして、わからなくなる。

こういうときって、くやしい。だから、アルトマンの編集の技術が巧みなのだとしても、おれは、いったい、ほんとうに読んだんだろうか、と自信がなくなる。地団太《じだんだ》ふんで、観ていた。

映画の『ショート・カッツ』に合わせて、映画のもとになった九つの短篇と一つの詩を一冊にまとめた『ショート・カッツ』という本もでた（ヴィンテージ・コンテンポラリーズ版）。それについていたアルトマンの序文を読んでいたら、おいおい、細部なんざどんどん変えちまった、といっているじゃないか。おどろいた。「俳優たちは、カーヴァーの人物たちがしゃべっていた中身は重要ではない、と承知した。中身は変更可能なのだ、と。なにを話してもかまわないのだ、と。といっても、言語が重要ではない、ということではない。話の主題はXかYかZである必要はないということで、QでもPでもHでもかまわないということだ。

問題は、登場人物たちがいったい何者であるか、ということであって、それを明らかにするためにかれらは話をしているにすぎない。場面を動かしているのも、かれらの話している話ではなくて、かれらが場面のなかにいるという事実なのだ。だから、ピーナッツ・バター・サンドウィッチの作り方の話をしていようが、隣人の殺し方の話をしていようが、話の中身は、この人物たちの感情や行動ほどには、重要ではない」

なるほど、細部についてのこっちの記憶が掻《か》き乱されても当然だったのか。

『ショート・カッツ』のなかでのカーヴァーの作品の入り交じりかたの解析はだれにもむずかしいようで、もとになった

のは九つの短篇と一つの詩である、と種明かしされる前にこの映画を見た、カーヴァーの全作品を翻訳中の村上春樹も、カーヴァーの未亡人のテス・ギャラガーも、よくわからない、とこぼしていた。村上が書いている。

「かなりデフォルメされているので、いったい幾つのカーヴァーの短編がここに編みこまれているのか、簡単にはわからない。指折り勘定しながら見ていたのだけれど、僕にわかった限りでは全部で九つだった（あとでテスに尋ねたら「数えていたけど、私にもよくわからなかった」ということだった）」（『やがて哀しき外国語』講談社文庫）

本を読むというのは、本の中身を、読んだじぶんの感想に合わせて、デフォルメすることなのかもしれない。中身を忘れても、あるいは間違って記憶しても、それはそれで立派な読書なのかもしれない。

『ショート・カッツ』はカーヴァーとの共作である、とアルトマンはいいきっている。読書とは、きっと、著者と読者の共作行為なのだ。

アメリカの小説家のトバイアス・ウルフは短篇の名手で、その数少ない短篇のぜんぶが一級品だと言ってもいいくらいなのだが、そのひとつに「嘘つき」というのがあって、その書き出しがふるっている。

「ぼくの母は、本でなければ、なんでも読んだ。バスのなかの広告。食事のメニュー。看板。母は、表紙さえなければ、興味をそそられたのだ」

いつだったか、活字中毒とはどういう人種か、という議論を「本の雑誌」かどこかでやっていたのを読んだ記憶があるが、そのときの結論のひとつは、字を見かけるとどんなものでも読まずにいられない人種が活字中毒だ、というものだった。バスのなかの広告も、食事のメニューも、看板も。活字中毒といえないこともないぼくにも、そう言われると思い当たるものがたくさんあった。

でも、ウルフの「嘘つき」の母親のような例があることを教えられると、ちょっとわからなくなる。その定義で行けば、この母親はいかにも立派な活字中毒なのに、どうして、本だけは読めないのか？

なんでそんなに表紙が気になるのか？　表紙のない、「引き裂かれた本」なら、読めるのか？

アニー・ディラードの『アメリカン・チャイルドフッド』に、気にいった本を何冊も何冊も買いつづける男がでてくる。たくさんのひとにプレゼントしようというのではない。たくさん保存しておこうというのでもない。ぜんぶ、じぶん用だ。

この男はディラードの父親で、かれは、一時期、マーク・トウェインの『ミシシッピ河上の生活』（文化書房博文社）ばかり読んでいた。仕事で出張にでかけても、家にあるのに、わざわざ買いもとめたという。ホテルにチェックインすると、その晩に読む本を買いもとめるべく、近くの本屋にとびこみ、いろいろと物色はするのだが、さんざん迷ったあげく、結局、これになってしまったらしい。

「買った本はすべて家に持ち帰った。居間の本棚には、『ミシシッピ河上の生活』がずらっと並んでいた。ときどき、私もそのうちの一冊を抜き出して読んだ」（柳沢由実子訳を一部変更）

父親は、最後には、クルーザーを買いこんでミシシッピ河にのりだしていく。「読書はついに父を行動に駆りたてた」とディラードは書いているが、しかし、現実はきびしい。ミシシッピ河の本流にでないうちに、父親は、河上の生活は本に書いてあるのとだいぶちがう、といって引き返してくる。

ディラードの父親の行動で、いまひとつよくわからないのは、そんなにも気にいっている本なら、なんでいつも肌身離さずもっていなかったのか、ということだ。とんでもなく厚い本であるわけでもないのだから、鞄の隅っこにでもつっこんでおけばいいのに。そうすれば、どこに出張したって読めたのに。

「それはちがうよ、きみ」

「はッ?」

「なにかというとそれが読みたくなるということと、いつでも読める状態になっているということは、ちがうことだよ。鞄をあけるといつもそこに『ミシシッピ河上の生活』があってごらん。これには、ほっとするというより、ぞっとする。『ミシシッピ河上の生活』が逆に嫌いになってしまったかもしれない。出張先の本屋で、もっといい本があるかもしれない、と棚を物色したあげく、やっぱり、あれっきゃないか、とおもって購入する、そこに喜びがあるんだ。その本へのじぶんの想いの熱さを確認する喜びとでもいうのかな、これは」

「そういうもんですかね」

これは想像だが、ディラードの父親は、『ミシシッピ河上の生活』を、きっと、あっちをぱらぱら、こっちをぱらぱら、の拾い読みをしつづけていたのだろう。だから、出張にでかけるたびに、新たに読

むということが簡単にできたのではないか。買うたびに初めから読み直していたとはとてもおもえない。

ぼくのこの本との付き合いも長い。本も、原書数種類、翻訳二種類（といっても二種類しかないとおもうのだが）、もっている。そして、それらを、あっちをぱらぱら、こっちをぱらぱら、読みつづけている。初めから終わりまで通読したという体験は、自慢じゃないが、まだない。

逸話のアンソロジーだからそういう読みかたが可能なのではあるが、でも、そうやって読んでいると、この本ってほんとうに奥が深いなあ、という気分になってくるからおもしろい。読み終えるということをいつまでも引き延ばしていくことで生まれる、こういう変な思い込みのようなものは、いっきに読んでしまう読書ではなかなか得られない。拾い読みは期待を持続させるもってこいの方法でもある。

ウィリアム・サローヤンの『ヒューマン・コメディ』（関汀子訳、ちくま文庫）を再読していたら、どうしようもない図書館の司書がでてきて、あきれた。

軽度の知的障害がある十歳くらいの男の子と、四歳そこそこの男の子が、連れ立って、図書館にはいっていくのである。十歳くらいの男の子のほうは、知的障害があるために、字が読めず、四歳そこそこの男の子は、四歳ゆえに、字が読めない。図書館のなかを、ふたりして、ちょろちょろ歩いていると、年寄りの司書が、「あなた、何を捜しているの」と近づいてくる。当の十歳くらいの男の子は、胸をはって、こう答える、「見ていたいだけです」

すると、年寄りの司書は、恥知らずにも、こうぬかすのだ、「見ていたい？　図書館はそういうことのためにあるのではありませんよ。本を読んで何かを調べるとか、本の中の画や写真を見るのはいいけど、本の外側を見てどうしようというんです」

なんだ、こいつ、とおもったね。外側あっての内側じゃねえか。ばかやろう。

軽度の知的障害がある、この十歳くらいの男の子はライオネルというが、じつは、たいへんに図書館が好きである。しかし、借りだしたことはなくて、本が見られるから図書館が好きなのだ。

「ただ本を、何千冊と並んだ本を、見るのが好きだったのである。彼は棚に並んだ一列の本を指し、親友にささやいた。「こんなに——。ここにもこんなに——。あ、ここに赤いのがある。こんなにたくさん——。そこに緑色のもある。こんなにあってすごいだろ」」

そんなふうに感激しているところに、さっきの司書が「あなた、何を捜しているの」と近づいてきたのだ。ふたりの嚙み合わないやりとりを追っていくうちに、本をまるごとわがものにしたいという、とんでもない欲望をもつ男の子が、ちょいと不気味にみえた。

「本です」とライオネルはいうのだ。

「なんの本を捜してるの」と司書。

「本、全部」とライオネルは強調するのだ。

「全部？　どういう意味です」と司書はたじろぐが、ぼくもここでいっしょに、どういう意味なんだ、とたじろいだ。

捜しているのは、本、全部です、見ていたいだけです、というライオネルの発言は、ばかやろうの司書にもさすがに衝撃だったのだろう、おのれを振り返って、謙虚に反省して、子どもたちにこういっている。

「考えてみたら、あなたがたが本を読めなくて、かえってよかったかも知れないわね。私は読めますよ。もう六十年も本を読んできたの。でも、だからといって、大した違いがあるとは思えないわね。さあ、好きなだけ本を眺めてらっしゃい」

さて、ここで問題です。

六十年も本を読んできた司書が「大した違いがあるとは思えないわね」というのにはどういう意味がこめられているのでしょう？

（1）たくさん本を読んできたけれど、どれもくだらない本ばかりだった。
（2）たくさん本を読んできたけれど、ぜんぶ忘れてしまった。
（3）たくさん本を読んできたけれど、わたしのばかやろうは治らなかった。

（4）たくさん本を読んできたけれど、内側ばかりが気になって、本の外側についぞ気がつくことがなかった。

アメリカの作家のグレイス・ペイリーの短篇に「欲求」というのがある。図書館に本を返しに来た初老の女性が、図書館の入口で、前の亭主にばったり会い、冷たい言葉を浴びせられ、それが引き金になって、じぶんのこれまでの人生をつらつら振り返るというものだ。たったそれだけの話で、ペーパーバックで二ページそこその超短篇だ。語り口が勝負の作品で、シニカルなのか、かなしいのか、とぼけているのか、よくわからない。

この初老の女性は、十八年遅れで本を返却しに来た。イーディス・ウォートンの『歓楽の家』と『子どもたち』の二冊を、なんと、十八年間、借りっぱなしだったのだ。とうの昔に読んだようだから返そうと思えば返せたはずなのに、だ。しかも、図書館は自宅からわずか二ブロックである。

返さなかった理由はとくにないみたいで、「その本は手元においておいた。その本のことはしょっちゅう考えた」としか言わない。一見、ちょっと妙。

でも、ぼくの本棚をながめると、十五、六年前の本なんかが、ごく自然に、並んでいる。十八年の居候《いそうろう》なんか、じつは、ぜんぜん妙ではない。本は、知らぬ間に、居つく。

LIBRARY
SCRIBNER

THE NEW YORK PUBLIC

Moby-
Dick

LOVE
Always
by
Ann Beattie

七歳と五歳の子どもたちに、目下《もつか》、寝しなに、ドリトル先生を読んでやっている。第一巻の『ドリトル先生アフリカゆき』（岩波書店）は、たいした長さではなかったので、一晩に一章か二章というノルマをこなしてるうちに、わりあい早く読み終わった。いまは、第二巻の『航海記』（岩波書店）。これはてごわい。長いのだ。読了までは一年くらいかかりそうだ。

できるだけ大きな声で読むようにしている。そうしないと、敵が寝てしまうからではない。そのほうが、こっちが気持ちがいいからで、まあ、軽い運動をしているようなものだ。台詞のところも、精一杯、感情をこめて読む。腹に力をいれて読む。そう、朗読は、腹に力をいれて読むと、一種の腹式呼吸で、いい運動になる。

おかげで、久しく忘れていたこともおもいだした。じつは、ぼくは朗読が好きだったのだ。小説や詩の気に入った一節を、昔はよく、声をだして読みあげていた。なあ、おい、ここ、いいだろう、と、友人の前で読みはじめて感動の押売りをしたこともあったし、だれに聞かせるわけでもなくひとりで朗読することもあった。十九、二十のころか。

なぜ、やめたんだろう？

唇を動かしながら本を読んでいるひとを、このところあまり見かけない。昔は、たとえば空《す》いた昼間の電車のなかで、そうやって本を読んでいるひとをよく見かけた。ぱくぱくと大きく動かしているひともいたし、もそもそと小さく動かしているひともいた。どっちの唇からも、声はでていなかった。他人への迷惑を考えて、声をだしていないのだ。唇は動いているのに声はでていない、という不自然さのせいだろう、正直なところ、あれはけっこう不気味な風景ではあった。ああいうのって気持ち悪いね、という声がじわじわと広がっていって、唇を動かして本を読むひとたちを電車のなかから消滅させた、というか、日陰に追いやってしまったのかもしれない。

そういえば、本はなるたけ唇を動かさないで読みなさい、と、子どものころから、だれからということもなく、教えられてきたような気がする。しかし、この教えは、なんか変だ。唇を動かさないことをひどく重要視しているところがある。本は読んでもいい、でも、ひとに不気味なかんじをあたえたりして迷惑をかけてはいけない、といったような。そうか、これは、唇を動かさなければ速く読めるようになるぞといった読みかたについての教えであるというよりは、ひとに迷惑をかけないことについての教えだったんだ。

日本人のある小説家が、じぶんは原稿を書くとそれを机の前の壁に貼り、何度も何度も声にだして読んでみるのだ、とどこかで書いていた。読むと文章の欠点が分かるので、そのたびにそれを直している、と。この小説家、名前は忘れたが、いたずらに美しい文章を書こうとしていたのではない。文章は声にだして読めるものでなければならない、という考えでそうしていた。

「声にだして読める文章」とはいったいどういうものなんだろう。定義はむずかしそうだ。定義なんかできないかもしれない。でも、肉体的な心地よさのようなものをもたらしてくれるものがそれに近いんではないか、とはおもう。レイモン・ジャンの『読書する女』（新潮文庫）という小説は、出張朗読いたします、という珍商売をはじめた女性の話だが、なるほど、本には声にだして読めるものと読めないものがあるんだな、ということをそれとなく教えてくれている。それと、声にだして読める本を声にだして読むのってこんなにも肉体的に気持ちいいんだ、ということが分かって、おどろく。

この女にはいろんな客がつき、客もいろんなふうに楽しんでいる。しかし、一番いい気持ちなのは、まちがいなく、本を声にだして読んでいる女のほうなのである。

レイモン・ジャンの『読書する女』は、出張朗読を商売にした女が主人公の小説だが、本を声にだして読むという、たったそれだけの行為からいろんなゴタゴタがおきてしまうところが、ポイントだ。あいつぐゴタゴタに、主人公の女はこう反省する。「今までのゴタゴタが、沈黙のために書かれた本を声に出して読むという、明らかに咎《とが》められるべき行為、前もって予想出来ない、のっぴきならない状況から生まれたものだ」（鷲見和佳子訳）

この文章にぶつかったとき、ぼくは、そうか、本って沈黙するために書かれたものだったんだ、と溜め息をついてしまった。口をきかなくさせるのが本の最終目標であるのなら、なんだか、あほらしい。

出張朗読の女のように、本を声をだしてだれかに読んでやりたい。

そう考えるだけでもなんだか胸がわくわくしてくるが、これこそ、本がいかにひとを沈黙と孤独にみちびく道具であるか、のいい証拠かもしれない。

おもいだしてみると、本の朗読って楽しそうだなってことを教えてくれたのはゴダールの映画だ。『気狂いピエロ』や『男性・女性』や『中国女』といった映画では、いつもだれかしら、本を読んでいるか、ないしは、本を手にもっていて、そのうちのだれかが、ときどき、まったく急に朗読をはじめたりした。まわりの人間の迷惑など考えず、酔いしれるように読みはじめた。なに、このひと？　とまわりの人間はきょとんとし、それが見ているこっちの笑いを誘った。

当時、ぼくは大学生で、ゴダールはひとつの流行で、映画のそのブッキッシュな風景は友人たちのあいだでよく話題になった。ぼくらは競って、映画に登場した本がなんだったか、報告しあい、そして、手に入れるなり、読むなりした。

どの映画でだったか、だれかがメルヴィルの本の一節を朗読した。これがなかなかいい。でも、フランス語訳なので、なんの本なのか、即座にはわからない。暗闇のなかでタイトルをメモし、家に帰ると、辞書を引いた。詐欺師。ふーん、『詐欺師』か。後日、その本を探して歩きまわったものである。

ラングストン・ヒューズの自伝の冒頭の文章は、ヒューズの「七十五セントのブルース」という素晴らしい詩同様、昔、何度か朗読した。「今じゃ、どうも、メロドラマじみてる。だけど、わたしがごっそり本を水中に投げこんだときには、まるで心臓から無数のれんがをぴょんぴょん取りだしたみたいだった。わたしは、蒸気船マローン号の手すりにもたれ、本を海中できるだけ遠くまで投げとばしたのだった、――わたしがコロンビア大学でもってた本の全部、それに、そのご読もうと思って買っておいた本の全部をだ。

サンディ・フックの沖あいの暗闇のなか、動いていく水中に、本は落っこちていった。さて、わたしは、しゃんとなって、風のほうに顔をむけ、深く息を吸った。わたしは、初めて海にいく水夫だった、――大きな商船の水夫。で、もう起こって欲しくないことは、なにひとつおれの身には起こらんぞ、という感じにわたしはなった。わたしは、内も外も、成人し、一人前の男になった感じだった。二十一歳。

わたしは、二十一歳だった」（『ぼくは多くの河を知っている』木島始訳、河出書房新社）

『ジッドの日記』（新庄嘉章訳、小沢書店）をぽつぽつ読んでいると、この巨匠の本の読みかた、というか、楽しみかたが一風変わっているのに気がつく。「音読」ということばがだんぜん目立つ。声にだして本を読んでいる。しかも、いつもだれかといっしょに音読している。たとえば――

「エマニュエルと一緒に、レシェートニコフの素晴らしい『ポドリプノエ村の人々』を音読する。私たちはちょうどトルストイの『コサック』を読みおえたのだ。私たちは『ダーバーヴィル家のテス』を読もうと思った。だがミシュレの『革命』を読むためにこれは断念した」（一九〇二年三月二十七日）

さらに極端なのになると――

「ワイルドの『獄中記』をエマニュエルと一緒に音読し、心にしみる思い。（ドイツ語訳と英語の原文とを同時に読む）」（一九〇五年のある木曜日）

これって、ジッドだけの楽しみかただったのか。

それとも、あの時代の夕べの楽しみかたとしてけっこう一般的なものだったのか？

『ジッドの日記』を読んでいると、ジッドの本の読みかたが、音読以外の点でもちょっと変なのに気がつく。いろんな本をつぎつぎと拾い読みしている風なのだ。じつにたくさんの本を読んでいて、はじめから終わりまできちんと読んでいるらしい本ももちろんかなりあるのだが、しかし、本の基本的な読みかたというのは、どうも、この本をぱらぱら、あの本をぱらぱら、というかんじなのだ。

「毎晩八時半から九時まで、ドミニック・ドルワンのために本を読んでやる。最初の晩はトプファーの『アンテルヌ峠』。次は『カニュ』と『エイムリヨ』、これは下らぬものに思えた。次には『大洋上の夜』と『不幸な人々』の最後の部分。それから『静観詩集《コンタンプラシオン》』中の詩をなお幾つか、これらの詩は私を讃嘆の淵に深く沈潜させた。昨夜は『鬼神』。今夜はツルゲーネフの『犬』」

これは一九一一年一月六日の記述だが、こういうのがいたるところに出没する。どう考えたって、これは拾い読みだろう。

音読と拾い読み。これはジッドだけの楽しみかただったのか？

アメリカのナショナル・パブリック・ラジオが、一九八九年四月から、『ザ・サウンド・オブ・ライティング』なる小説朗読の番組をやっているらしい。時間は三十分。主催はアメリカのペン・クラブで、読まれる作品は公募。だから、当然、そこでの朗読がその作品の世間への初登場だ。

そこで読まれた作品のいくつかが、最近、一冊の本にまとめられた。書きてたちをながめると、巨匠、大物、中堅、新人、と顔ぶれはさまざまである。この番組の制作にかかわった小説家のアラン・チューズは「アメリカで唯一の空中短篇小説雑誌だ」（「空中」ってのは「ラジオ」のこと）とその番組を自慢していた。うまいことをいう、とすっかり感心したけれど、その「空中」って言葉からべつなひとのべつな言葉をおもいだした。

「音楽は、聞き終わったら、二度とつかまえることはできない」ジャズ・ミュージシャンのエリック・ドルフィーのあまりにも有名な言葉。

どうなんだろう、朗読にかんしても、おなじようなことが、はたしていえるか？

小説は、聞き終わったら、二度とつかまえることはできない？

『ザ・サウンド・オブ・ライティング』では、作品の朗読は、書いた本人ではなくて、べつなだれかが読んでいるのだが、書きてのなかには、朗読するのはじぶん、と勝手に思いこんでいて、朗読するのはべつなひとです、と聞かされてがっかりした者もいたらしい。はて、これはだれのことかな、と、本の目次をながめていたら、T・コラゲッサン・ボイルの名前があったので、このひともきっとそのひとりだろう、とおもった。ボイルは無類の自作朗読好きなのだ。数年前にニッポンに来たとき、その朗読を何回か聞いたが、あの独特に派手派手過激な風貌《ふうぼう》も手伝って、それはそれは印象的な朗読をやってくれた。すっかり魅了された。

ボイルの『イースト・イズ・イースト』（新潮社）なる、なんともせわしくコミカルな長篇には、作家たちの自作朗読会の風景がでてきて、ひとりの作家が、照明は凝るわ、服装は気取るわ、の派手派手過激な朗読をやってみせる。そこのとこにさしかかったときは、ボイルの自作朗読好きをおもいだした。

「ぼくはね、文学にお客を呼ぶためなら、なんでもするよ」ボイルはいってたっけ。

チャールズ・ブコウスキーの『詩人と女たち』（河出文庫）には、自作朗読会の風景がふんだんに登場する。なにしろ、その小説の主人公の詩人、朗読会でもらう報酬が生活費の重要な一部のようでもあるのだ。それに、この詩人、無類の女好きで、なかなか変ないろんな女としょっちゅう激しくナニしているのだが、相手の女を調達してくる場所というのがたいてい朗読会なのである。

この本を読むと、朗読会はショーだ、とわかる。というか、朗読会がショーとして成り立っているケースもけっこうある、とわかる。大学の講堂あたりでひらかれる朗読会にはそういうものは少ないが、街のキャバレーやクラブあたりでも朗読会はひらかれていて、そこでは朗読の前座にロック・ミュージシャンの演奏があったり、あるいはその逆で、ロックの演奏の前座で朗読がおこなわれたりする。わいわいがやがや、ブーイングもあって、みんながしんみり耳を傾けているというようなものとは程遠い。朗読がほとんど聞きてたちとの掛け合いになっている。

そんな朗読会で詩を読む詩人の気分はつぎのようなものであるらしい。

「そのうちわたしは詩を読まなければならなくなった。今夜の方がうまくいった。聴衆は昨日と同じだったが、わたしは自分の気持を集中させることができた。聴衆は徐々に盛り上がっていき、興奮して最後には熱狂的になった。彼らのせいでうまくいくこともあれば、自分の力でうまくやれることもある。たいていの場合は後者だった。ちょうどプロ・ボクシングのリングに上がるのに似ている。観衆に何か借りがあるような気分にさせられるか、自分がまるで場違いなところにいるような気分にさせられるかのどちらかだ。わたしはジャブを打ち、クロス・カウンターを決め、足を使い、最終ラウンドで猛攻撃に出てレフェリーをノックアウトする。興行は興行だ。昨日の夜わたしはどじを踏んでいただけに、みんなは今日の成功がまるで腑《ふ》に落ちないようだった。自分自身でも確かに腑に落ちなかった」（中川五郎訳）

こうなると、たしかに、聞き終わったら、二度とつかまえることはできない。

ふだん本などぜんぜん読まないひとがたまに本をもっているのを見ると、いったいなにを読んでるんだろう、と興味をそそられる。ブレット・イーストン・エリスの

『アメリカン・サイコ』（角川文庫）の主人公は、ブランドと虐待拷問惨殺にしか興味のなさそうな、二十六だか二十七だかの青年で、読む本は、せいぜい、「GQ」といったファッション雑誌。ヴィデオは好きで、けったいなタイトルのアダルト・ヴィデオを、レンタル・ヴィデオ屋から借りてきては、よく見ている。金には不自由しない身のはずなのに、借りたヴィデオの返却期日をいつもしきりに気にしているのが、なんだかおかしい。メラニー・グリフィスがお尻をふる『ボディ・ダブル』がことのほかお気に入りで、もう三十回近く、借りてきては見ている。

そんなかれが、一回、下心なしで、女友だちに本を音読してやるところがある。読む本は、なんと、『ドクトル・ジバゴ』と『武器よさらば』。あんなに長い小説の、いったいどこを声にだして読んだのだろう、とおおいに興味をそそられる。

ここで、ひとつ考えてみたいのだが、『アメリカン・サイコ』の主人公は、前に一回でも、『ドクトル・ジバゴ』と『武器よさらば』をはじめからおわりまで読み通したことがあるのだろうか？

まっすぐにものを考えるひとなら、きっとある、とこたえるだろう。だからこそ、適当な箇所をひっぱりだして音読することができたのだ、と。

でも、ぼくは、きっとない、とおもう。だって、適当な箇所をひっぱりだして読むのは、別に前もって読んでなくてもじゅうぶんに可能だからである。ぱらぱらっとめくっていって、なんとなく気になることばがいくつか散らばっている箇所を見つけたら、そこをおもむろに読めばいいだけのことではないか。

じっさい、ぼくも、『ドクトル・ジバゴ』をはじめからおわりまできちんと読んだことはないが、何回か、末尾の「ジバゴの詩」というところは、だれかに音読してあげたこともある。いいだろう、と感動を無理強いさえした。ぼくにその権利はなかったのだろうか。

朗読にかんして、小説家の富岡多恵子が、出典も忘れたハナシだが、と興味をそそる話を紹介している（「海燕」一九九二年一月号）。

「なにかで次のようなエピソードを読んだことがある。捕虜収容所（シベリア？）でみなが「読むもの」に飢えていた時、新聞か雑誌のキレハシをだれかが手に入れた。ドイツ人はだれかひとりがそれを「朗読」すると、みなは聴いて満足したが、日本人はひとりひとりが手にとって自分で「目読」しないと満足しないので、キレハシはついにボロボロになって消えてしまった——、というようなハナシである。しかし、こういう出典（？）も忘れたハナシで、ドイツ人を「朗読」好きだときめつけるつもりはない」

この話、国民性の話としてもおもしろいけれど、それ以上に、読書一般についての話としてもなかなかおもしろい。だって、読書にも、百聞は一見にしかず、という思想があることがわかるからである。聞いただけでは読んだことにはならない、この目で見なければ、と考えているひとがどうやらこの世にはどっさりいるらしいことが、この話からは伝わってくるじゃありませんか。

本を読んでいて喉が渇くということはある。でも、本を読んでいたからそうなったのだ、と考えたことは一度もなく、たんに、あッ、喉が渇いたな、とおもって、水なりお茶なりコーヒーを飲むだけだ。ぼくがいまいっている読書は、もちろん、黙読のことである。音読なら、声をだしてるんだもの、喉は渇くよ。

だから、当然、黙読している本がアルファベットで書かれたものか日本語で書かれたものかで喉の渇きに違いがでてくる、と考えたことなんてぜんぜんなかった。

ところがである。ドイツのある日本学者に言わせると、つぎのようなことになっているらしい、

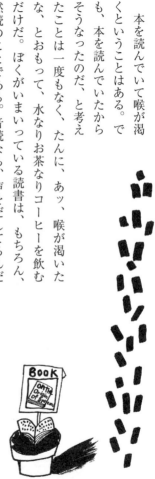

と小説家の多和田葉子が書いている。

「アルファベットというのは声に出されて初めて意味がたちのぼってくる。横文字を読む時は、たとえ黙読していても、頭の中で文字を声に変えて読まないと意味がとれない。それに対し、日本語は映像として読むことができる。だから同じ黙読と言っても、日本語を読んでいると喉が渇かないが、ドイツ語を読んでいると喉が渇くのだと、ある日本学者は言っていた」（「波」一九九三年十一月号）

ほんとうか、これ？

ドイツでは朗読会というのがことのほか盛んなようで、多和田葉子は、ドイツで本を出してから、いろいろな町で、なんとすでに六十回も、朗読会をしてきたそうである。多和田は書いている。

「ベルリン、ハンブルク、フランクフルトには、そのためにわざわざ文学館(Literaturhaus)というものがあり、毎日のように作家が新刊または今書いている原稿から(時には昔書いた本から)朗読し、聴衆と討論する。もちろん、その討論が必ずしも面白いとは限らず、むしろ作品だけ聞いた方が良かったということもある。日本人にとって恐らく興味深いのは、朗読されるのが(詩だけではなく)小説だということだ。(中略)原稿料だけではなかなか暮らせない作家にとって、朗読会の出演料は馬鹿にならない。(中略)日本にはこういう朗読会はないと言うと、ドイツ人は驚く」(「波」一九九三年十一月号)

前に、読むものに飢えている捕虜たちをめぐってのエピソードを紹介したとき、ドイツ人の捕虜は、仲間のだれかが雑誌かなにかの切れ端でも朗読してくれれば、それを聞いて満足した、という話があったが、なるほど、ドイツでは、聞くと読む、はほとんど同じことなのか。

いつごろからか、文章を書くとき、声にだして読みながら書くようになった。ある分量を書くと、そこまでの分を音読し、変なところを直して、また、つぎの文章に向かっていくのである。どういう箇所が変におもえるのか、うまくはいえないが、変なところだと、舌がからまるのだ。そこを、からまらなくなるまで何度も読み返し、直す。じぶんの文章のときでも、翻訳のときでも、この作業に変わりはない。もうすっかり癖になった。

ある女友だちに、ぼくが翻訳したアン・ビーティの『愛している』(早川書房)を送ったときだ。一カ月ほどたってから電話がきた。本をありがとう、読んだわ、おもしろかった、また長くかかったの？　との挨拶がひととおりあった後、彼女がいった。

「ねえ、文章、声にだして、書いてるんじゃない？」

「どうしてそう思うの？」

「じつはね、読みはじめようとしても、なかなか、中にはいっていけなかったの。それで、ふっと思いついて音読してみたのよ。そしたら、すーっとはいっていけた。だからさ、これはひょっとして声にだして書いてるんじゃないかって、そうおもったわけ」

そういうことってあるのかなあ、と感心したのはぼくのほうである。

こないだロサンジェルスで全米書店協会（ABA）の大会があり、とくに用事もないのに出かけていったぼくは、そこでいろんな作家が自作の朗読をするのを聞いてきた。つぎつぎと聞いているうちに、自作朗読を聞くことの喜びのようなものが、わずかだが、分かった。

当の作家はどこを強調したかったのか、なにを書きたかったのか、がなんとなく分かってくるのだ。作家の思いがひしひしと伝わってくるのだ。自作を朗読する作家の声を聞いているだけで、作家の感じかたや考えかたがそれとなく分かってくるのだ。作家の真情を知るには、つまんないきれいごとの講演なんか聞かされるより、これのほうがはるかにいいかもしれないな、とつくづく思った。

日系のワカコ・ヤマウチは、自作を読んでいるうちに、急に日本語で歌を歌いだした。酒は飲め飲め、の類の酒の歌で、要するに、登場人物のだれかがその歌を歌いだしたので、朗読する作者も歌いだしたわけだ。静かな調子の、素晴らしい歌いかた。目の前に遠い昔のニッポンの風景が見え、ぼくは、ヤマウチの作品を読んでみたい、と思った。

中村光夫の『二葉亭四迷伝』（講談社文芸文庫）のなかに、二葉亭が東京外国語学校でうけたロシア語の授業の様子が書かれている。「今日の外国語学校とちがって、ロシアの中学で教える学課はなんでもそのまま課せられたので、物理、化学、数学、などもロシアの教科書で教えられ、修辞学、露文学史などという科目もそれに加わっていました」という。ひえー、すごい。

しかし、教科書が足りなくて、上級生のクラスでは、「教師が一冊しかない文学書を教壇から朗読してきかせ、生徒たちはこれを手ぶらで聞いているという授業が毎日行われるという風だった」らしい。こりゃ、すげえ。

二葉亭の教師はロシアの専制政治に反対してアメリカに亡命したニコラス・グレー

というひとだったが、大変な朗読の名人で、みんな、聞き惚れていたようだ。グレーの朗読した本は、レールモントフ、ツルゲーネフ、ゴーゴリなどで、トルストイの『戦争と平和』も読んだそう――なななななななななななななにッ、セセセセセセセセセセセセセセンソウトヘイワ、あんな長い――――!

そのおかげで、二葉亭は、欧文の魅力は音である、「欧文の特色は「声を出して読むと抑揚《よくよう》が整うている」ことにある」と日本人としてはだれよりも早く、察知したらしい。そして、小説よりも翻訳に意欲を燃やしていた二葉亭は、「「外国文を翻訳しようとするからには、必ずやその文調をも移さねばならぬ」として、「原文の音調を呑み込んで、それを移す」ために、コンマ、ピリオッドの数も原文そのままにして、語数も原文と同じくし、「形の上で大変苦労をした」といっています」

中村光夫は書いている。

「二葉亭の翻訳態度は、いつも原作の「真相」をできるだけ直接に日本語に再生することでした。西洋の夫婦が対等に口をきくなら、それは日本の読者に奇異の感じをあたえても対等の会話として訳すべきであるように、外国の小説の文章が「言文一途」である以上は、その翻訳も口語でしなければ、形の上でも、その「真相」は伝わらないとするのです」

黙読していたのではまず発見できない本の真相というべきか。

ニューヨークのソーホーの某ギャラリーに、毎年大晦日《おおみそか》になると、人間が百人ほど集まってきて、一冊の本を読みはじめる、という話を落石八月月《おちいしオーガストムーン》が書いていた。読む本は毎年おなじで、ガートルード・スタインの『アメリカ人になること』。読後感を出し合ってはいろいろと話し合う、いわゆる読書会ではない。みんなで声に出して読む、朗読会である（「すばる」一九九四年三月号）。

「大晦日の昼に始めてリレーで読み継ぐと正月二日の昼過ぎに終る、五十時間ノンストップ。スタイン学者、詩人、演劇関係、作曲家、ダンサー、パフォーマーなどスタイン好きが集まり、机一つに椅子二つ、聞くほうは寝っころがって聞いているシーンとした雰囲気の中で、二人の朗読者が段落ごと交互に読んでいく」

なんでこんなことをするのか、というと、スタインの『アメリカ人になること』は「繰り返しの文体」の「約千ページ」の「五十万語を費やして完成させた文字通りの大作」で、「なかなか読めない」。「一人では読めない」。そこで、ニューヨークの前衛作曲家三人が「読破会」を思いついたのだそうだ。もう二十年つづいているらしい。

この朗読会に、落石は二回目から参加し、三回目から朗読にも加わるようになったという。時間登録制になっていて、じぶんが朗読する箇所はそのときにならないとわからないので、なかなかのスリルでもあるらしい。

「アメリカ人でもたまにひっかかる。似たような文章が並ぶから同じところを読んだり、一行とんだりはよく起こる。終って控え室で古顔とお茶を飲みながら、今日は二度もひっかかったとか、あたしすごいところに当たっちゃったなどと笑い合うのが楽しい」そう、読みまちがいのもとにもなる、この似たような文章の繰り返しが、この本の、というか、この本の朗読会の魅力のようで、参加者は、読むほうも聞くほうも、この繰り返しにしびれるらしい。落石は書いている。

「単調な音を繰り返すのがスタインの魅力のうちで私には神聖な除夜の鐘の代わり」

この、神聖な除夜の鐘の代わり、という言いかたがいい。いたずらに意味を探さず、除夜の鐘を聞くように、ひたすら聞き、聞きながら心のなかのなにかを洗う。本を読むとき、書かれていることの意味を探すのは、案外、外道《げどう》なことなのかもしれない。


トマス・ピンチョンの『重力の虹』にも、朗読会がもたれたことがある。一九八九年のアメリカでのことで、ぼくは「ニューヨーク・タイムズ」の小さな記事でそのことを知ったのだが、そのスクラップによると――

八十人が、四十時間かけて朗読した。場所は室内ではなく室外。野外ステージのようなもののうえに順番に朗読者が立って読んだ。『重力の虹』は七百六十ページである。

この記事を書いていたのはアナトール・ブロヤードという編集者で、野外で集団で本を、とりわけ大作を朗読することにはつぎのような良い点があるだろう、と言っていた。

（1）読むことがだれの重荷にもならない。
（2）作品を外気にさらすことで、作品の毒気が駆除される。
（3）読書は陰気な室内活動だという考え方に異議を唱える。
（4）現代小説に特有の孤絶の雰囲気が軽減される。

この記事を読んだとき、読書という行為にもたまには虫干しが必要なんだな、と思ったのを覚えている。

BOOK
WORM
BOOK WORM

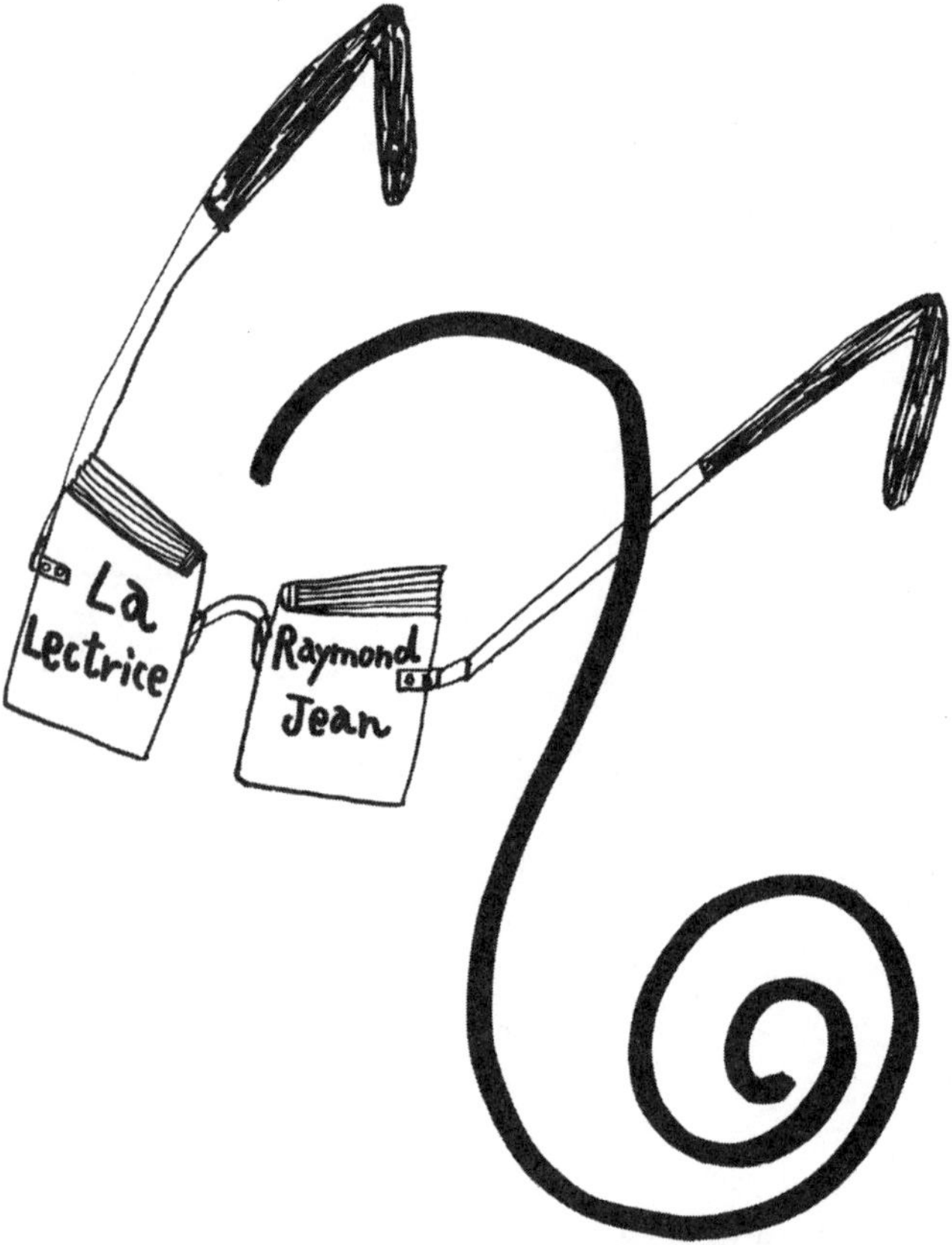
La
Lectrice
Raymond
Jean

alpha
-bet
(1)

ひとの家をたずねると、その家の本棚をじろじろながめるやつがいる。まあ、ぼくもそのひとりではないとはいえないのだけれど、なぜながめるのかというと、本棚にならんでいる本でその持ち主のひととなりがかなりわかるからだろう。というか、わかったような気持ちにさせてくれるからだろう。本棚というところには、すでに読んだ本、これから読む本、読んでいる途中の本、とさまざまな種類の本が雑居しているが、どの本も、とりあえずは、その持ち主によって選ばれた。だから、それらをみれば、なんとなく、そのひとの嗜好《しこう》がわかる。

読んだ本しかおいとかない、というひともいる。そういうひとは、他人の本棚を見ると、そしてそれがかなりの量だったりすると、ゲーッ、とばかりにおどろいて、ここここここれ、ぜんぶ、読んだの？　と聞く。そういう質問をうけたとき、フランスの作家のアナトール・フランスは、ばーか、と笑って、こう答えたという。

「この本棚の本をぜんぶ読んだかって？　読むわけないだろう」

この話で、ぼくはこの作家に急に親近感をおぼえたものだ。


「この本棚の本をぜんぶ読んだかって？　読むわけないだろう」というフランスの発言、じつをいうと、ぼくはうろ覚えで、どこで読んだ話だったか、記憶になく、出典を探索せず、書いた。こないだ、ヴァルター・ベンヤミンの「蔵書の荷解きをする」というエッセイ（『都市の肖像』晶文社）を読んでいたら、おなじ逸話が引用されていた。ぼくのうろ覚えよりも細部がはるかに充実している。その引用されているところを引用すると——

「あのフランスが、かれの蔵書に驚嘆した俗物に向って即座にやり返した答のみを挙げておきます。それはただちに適切な質問で締めくくられています。「それで、フランスさん、あなたはこれを全部お読みになったのですか」。「十分の一も読んではいま

せん。それともひょっとしてあなたは、毎日セーヴル焼の食器で食事をなさいますか」」（藤川芳朗訳）

ぼくのうろ覚えより、こっちのほうがはるかにおもしろいね。

さて、フランスのこのことばを引用したベンヤミンは、はたして、出典を探索して、書いたのだろうか？　「十分の一」だとか「セーヴル焼の食器」だとか、ほんとうにフランス自身の言葉なのか？

まあ、ベンヤミンは、引用の大好きなひとで、ノートを肌身離さずもっていて、読んでいて気になった文章は、すべて、まめに、ノートにとっていたというから、このフランスの言葉も、たぶん、フランスのものだろう。

では、「かれの蔵書に驚嘆した俗物」という表現は、どうか？　これは、明らかに、ちがう。本棚にある本はぜんぶ読んだ本だとおもうようなやつは俗物だよ、という、これはベンヤミンの解釈だ。「俗物」といういいかたが、なんとも小気味よい。

「蔵書の荷解きをする」というエッセイは、本の蒐集家《しゅうしゅうか》についてのものであって、読書家についてのものではないが、でも、この「俗物」という言葉はつかえる。ひとの本棚をながめてつまらん質問をしてくるようなやつには、これからは、こう答えよう。

「そんなことといってると、俗物っていわれるぜ」

もっとも、俗物はなにをいわれてもこたえないものだ。

「セーヴル焼の食器」でおもいだしたが、ブルース・チャトウィンの『ウッツ男爵』

（白水Uブックス）は、プラハに暮らすマイセン焼の人形の蒐集家の話で、その男、国家体制がどう変わろうが、せっせと集めつづけて、膨大な量を、じぶんの家の鏡張りの棚にしまっている。美術品や工芸品を美術館のガラスケースのなかにおくのは、動物を動物園の檻《おり》のなかに閉じ込めるのとおなじ非道な行為であって、それらは触《ふ》れられなければ死んでいるも同然だ、と考えている。

「まことの蒐集家は目とあわせて手でもって触れ、作品のいのちを甦らせる。美術館の学芸員は蒐集家の宿敵である」（池内紀訳）

マイセンの人形の蒐集家についてのチャトウィンの『ウッツ男爵』と、本の蒐集家についてのベンヤミンの「蔵書の荷解きをする」を読んで、蒐集家というものの共通した心理がわかった。

それは、「救う」ということ、「救出」である。蒐集家は、ものを集めているのではなくて、ものを「救出」して、じぶんのもとに運びこんでいるという。

本棚の本が一望のうちにながめられるうちはいい。本棚の本は、とくに本好きの本棚の本となると、かぎりなくふえていく。本は増殖する、と本好きはみな本気で信じている。勝手にふえていく、と思っているふしもある。

「本って、まず最初は本棚に縦に並べますよね。それが前後二列になり、次に上の隙間においていて、最後に床に積み始める。こうなるともう際限がなくなるので、だいたいの地図を書いておくんです。どこを掘ればなにがでてくるかっていう地図をね。で、似たような分野を固めておいて、真ん中にひとがひとり通れるくらいの道をあけておくんです」

これ、翻訳家の宮脇孝雄さんがじぶんの本棚についてしゃべったことばだが、いかにも本が勝手にふえていくかのような口調ではないか。それにしても「掘る」という言いかた、ぼくもよくつかうので、そうだそうだ、と共感した（「自由時間」一九九二年三月十九日号）。

ただ、ぼくの場合、地図はない。ぼんやりとした記憶と勘だけが頼りだ。本棚の奥深くから、とんでもない本が顔をだして、わお、と大喜びすることもある。じぶんの本棚は、そう、発掘の喜びをもたらしてくれる遺跡のようなものでもある。

新訳が刊行されはじめた『ジッドの日記』、これが抜群におもしろい。なにしろ、アンドレ・ジッドというこの作家、しょっちゅう本を読んでいて、そのことをつぶさに日記に記していくのである。その本棚にならぶ本の量ときたらすごいんだろうな、とおもう。だからこそ、つぎの一節に書かれているような本棚の魔力との対決にも、がぜん説得力がある。

「三日前から、まるで文化破壊者のような狂熱ぶりで本の荷造りをする。書架の棚があいてくるにつれて、頭の中を涼しい風が通るような気がする。本を滅茶滅茶《めちゃめちゃ》に引っかきまわしたい狂熱と、本を行李《こうり》に詰めるのに、正確に、入念に、上手にならべたい狂熱とを同時に感ずる」（一九〇六年二月十三日、新庄嘉章訳）

本棚があくと頭の中を涼しい風が通るような気がする、といういいかた、あるいは、本を滅茶滅茶に引っかきまわしたい狂熱ときちんと整理したい狂熱を同時に感ずる、といういいかた、これって、ちょっとはわかる。

書を捨てよ、町へでよう、という有名なことばは、だれあろう、このジッドの『地の糧《かて》』が出典だが、なるほどそうもいいたくなるでしょう、と大納得だ。

デザイナーの粟津《あわづ》潔《きよし》が書いた寺山修司の思い出のなかの一節——
「寺山君は紺の背広に何故かポックリ下駄などを履いて、誰が見てもオカシイと思える姿をして何処へでも出掛けた。必ず本を手にしていて、手ぶらで歩いている姿を見たことがなかった。が、彼が「のぞき」事件で新聞沙汰になった時、やはり本を持っていたのかどうか」(「日本経済新聞」一九九三年十一月六日)
『書を捨てよ、町へ出よう』(角川文庫)によると、寺山は大学にはいってすぐ病気になり、三年、入院し、それまでもそうだったが、そこではいっそう本漬けになったらしい。で、退院が近づくと、ブッキッシュな生活から遠ざかろう、と決めた。寺山は書いている。

「まさに「ナタナエルよ、書を捨てよ。町へ出よう」という心境が私のものになったのだ」

ジッドの『地の糧』の有名な一節。さあ、官能の世界へいこう、という肉体の解放の歓びをうたったものだから、病床からようやく解放されようとしていた寺山の実感に重なったのだろう。よく誤解されるが、これは本との訣別《けつべつ》の歌ではないのだ。

ぼくが本棚らしい本棚を初めてもったのは、高校にはいってまもなくのことで、あれは、三段の、幅は一メートル程度の、いま考えると、とても小さなものだ。読

んだ本を並べていた。わずかなお小遣いで買うので、本はぜんぶ文庫本で、並べていってもなかなか本棚は埋まらなかった。学習参考書や問題集の類もいっしょに並べていたが、そんなものは、こっちの意識のなかでは、本というものではないから、ほんとうはおきたくない。でも、本棚にすきまがあるとなんだか情けないので、そのすきまを埋めるべく、動員された。どのぐらいたってだったか、学習参考書や問題集の類が駆逐《くちく》されて、本棚すべてが文庫本で埋まったときは、歓喜した。

そのときの歓喜は、こんなに読んだのか、というものだろう。でも、そういう歓喜は、それっきりだ。そのあとは、歓びの中身が変わり、本棚が埋まると、よし、埋まったぞ、と満足した。

本を読む歓びにかわって、本棚を埋める歓びが生まれてきた、というべきか。それとも、本を読む歓びに、本棚を埋める歓びが加わってきた？

アンドレ・ジッドの『贋金《にせがね》つくり』との出会いは、よく覚えている。

高校一年の、暑くもない、といって、寒くもない、ということは、春か秋かということになるのだろうか、そんなある日のこと、学校が終わって、いつもどおり、電車を二回ほど乗り換えて、ようやく家のある駅に着き、駅から家にむかって歩きだしてまもなくだった。急に雨が降りだした。傘はもっていなかった。走ったが、しかし、雨足は強くなるばかりで、たまらなくなって、本屋に飛びこんだ。ふだんはあまり入らない、小さな本屋だ。店主にやる気がないのか、商売欲がないのか、品揃えがおそろしく貧弱なのだ。客はいつもいないも同然で、その雨の日も客はぼくひとりだった。

そのとき、その店で、『贋金つくり』を買った。上下の文庫の上一冊だけ。前から気になっていたわけではぜんぜんない。あの雨の日、あの店で、初見で買った。

その本にぼくは衝撃をうけてそれからジッドに没入していくことになるのだけれど、なぜ、あのとき、あの本を手にとったのかは、いまもって謎である。いま読み直せば、その辺のこと、はたして分かるんだろうか。

ある本を読み直すということは遠い昔のじぶんがその本を読んだことを読み直すことでもある、と詩人のぱくきょんみが書いている（「図書新聞」一九九二年十一月十四日号）。

ぱくは、十二、三歳の頃、住井《すみい》すゑの『橋のない川』を一所懸命読んでいた。「幼いなりにぎゅうっとアタマをしぼり、ムネの底をしぼっていた」しかし、「どうやって知ったのだろう。『橋のない川』のことを。〈エタ〉〈ヨツ〉と蔑《さげす》みのことばで呼ばれる人びとがいることを」日本史の教科書で、江戸時代の士農工商のあたりの欄外に「賤民」というのがあったのは覚えている。そしてそのことばが小学生のガキどものあいだでつかわれるようになったことも。「わたしは〈チョーセン〉と蔑まれる対象だったから、そこんところの心的作用に敏感だってことはある。〈エタ〉〈ヨツ〉のあり方をじぶんのまわりで飛び交うチョーセンのあり方に大いに（自己言及的に！）なぞらえた」

そして、最近久しぶりにでた『橋のない川』の「第七部」（新潮社）を読みつつ、ぱくは、その作品を読み直すと同時に、幼いじぶんがそれを読みつづけたことをも読み直す。

読み直しとは、作品と昔のじぶんの二重の読み直しである、と。

大学生の頃は、なにかというと、古本屋をのぞいていた。駅から大学までの通りの両側には古本屋がびっしり並んでいたから、行きは右側、帰りは左側、というふうに規則的にきちんと歩くというところこそしなかったが、かならずどこかの店をのぞいた。だれかがいっしょのときは、まず入ることはなかった。だれかがいっしょだと、集中できないからだ。

集中してなにをしていたのかというと、

べつにたいしたことではない。本棚の本を眺めていただけ。目をぶらぶらと本棚にさまよわせながら、おもしろそうな題名の本や、著者の名前は知っていたけれどもそういう本があることは知らなかった本や、やたら高い値のついている本や、その他もろもろ。ふーん、と眺めては、手に取っていただけである。集中といっても、大騒ぎするほどのものではない。

でも、そうやって、ほとんど毎日のように古本屋の本棚を眺めているうちに、ぼくはいろんな書名や著者名を覚えた。あれは、いま思うと、とても有益な無為の日々だった。眺めているだけでも、ほんと、集中力次第で、読んだような気持ちになる。

考えてみると、大学生の頃は、新刊本屋にはたいして出かけなかった。少なくとも、古本屋に出入りしていた頻度と比べたら、その回数は微々たるものだ。新刊の本を買うのにしても、新刊割引きをあつかっている古本屋で買っていたから、新刊本屋に出かけるのは、新刊割引きをあつかっている古本屋で見つけることのできなかった新刊を買うときぐらいだった。

それに、新刊本屋の本棚は、眺めていても、そんなにおもしろいものではなかった。新刊本屋の本棚はつぎつぎと出る新しい本を並べる場所だから、しょっちゅう風景が変わる。しかし、ころころと中身の変わる本棚というのは、眺めていて、味気ないものなのである。

その点、古本屋の本棚は、その中身はほとんど変わらない。売れたら、空いたところに別なのを入れる、だけだから、まず変わらない。だからこそ、いつまでもあるこの変な題名の本はなんだ、とか、いつもあるこの本でも今日はのぞいてみるか、という具合に手が伸びて、それが、おいおい大変だ、の発見につながったりした。

大学のとき、あこがれていた女性が、ヘンリー・ミラーの、翻訳ではなくて原書の『暗い春』を、いつもカバーをつけて持ち歩いていた。ふつうのペーパーバックも簡単に手に入るはずなのに、なぜかそれは、海賊版としてだされた、造りのぞんざいなペーパーバックで、本としてはあまり美しいものではない。どうしてふつうのペーパーバックにしないの、と聞いたこともある。すると、変なことを聞くひとね、という顔で、というか、はっきりと「変なことを聞くのね」といってから、彼女は答えた。なんと答えたかは覚えていない。覚えているのは「変なことを聞くのね」ということばだけだ。

なにかがとても気に入ると、「いいなあ」とか「すてきねえ」と、いかにも溜め息をつくようにいうのが口癖で、その口癖がでるたびに、ぼくは、おまえはよくない、おまえはすてきじゃない、といわれているみたいな気がした。おもえば、変な反応のしかたではある。

「ミラーみたいに生きるのって、いいなあ」と、あるとき、彼女はいった。ぼくは、おまえはどうせミラーみたいには生きないんだろうな、といわれたような気がした。どうしてふつうのペーパーバックにしないの、と聞いたのはそのときかも知れない。

一時期、ある週刊誌で、小さなコラムをもらい、読んだ新しい本のことを書いていた。週刊誌だから、毎週書かねばならず、ということは、毎週何冊か読まねばならず、読むのが極端に遅いぼくには、毎回が全力疾走みたいな読書だった。息が荒れたまま、感動のほてりを頬にはっきりとかんじながら、ふーふー言いつつ書いた。

いまおもうと、そのとき、あわただしい気分で書いていたのは、本の紹介というようなしろものではなかった。本を読み終えてまもないときの感動のほてりを、なんとか、ことばにして残しておくという、まあ、感想文みたいなものだろう。

ただ、そのとき、その感動を、べつな感動と、なるたけ結びつけて書くようにした。というか、その感動に似た、べつなときに得たまたべつな感動を、じぶんの胸のなかに探るようにこころがけた。なんかまどろっこしい言いかただが、要するに、感動しっぱなしではなくて、じぶんの心の文脈のなかであわただしくも整理したということである。その整理のおかげだろう、いま、その小さなコラムを読むと、とりあげた本がどういう本だったか、わりあいくっきりと頭に浮かぶ。

本がおもしろかったとき、そして、その本のことをしばらく覚えていたいときは、ぜったい、他人に話したほうがいい。くわしく話したほうがだんぜんいいが、相手が聞いてくれないときは、おもしろかったよ、と繰り返し言うだけでもいい。でも、そのさいも、どこどこがおもしろかった、と細部にかならず言及する。細部は、一度インプットされると、記憶としてしぶとく生き残るからだ。「いやあ、おもしろかったよ、とくに、あそこなんか――」とやっておけば、それでわずかなりともおもしろさを反芻《はんすう》したことになるし、後々、ひょんなときにおもいだす。

聞いてくれる相手がいないときは、それ

はちょっと困っちゃうけど、でも、当の本を撫《な》でまわすだけでもいい。おもしろかったよ、と本に語りかけるのも手だ。とくに、ここところどころがね、という具合に、ページをぱらぱらやる。傍目にはかなり不気味な風景だが、読書のあとのこういう後戯《こうぎ》も、いい反芻になる。

もちろん、それでも忘れる。でも、忘れたり、ひょいとおもいだしたりしているうちに、本を読むということは本の中身を記憶することではない、と実感するようになる。

本を読むということは、理解とはちがうだろう、というようなことを小説家の中野重治《しげはる》がずっと昔に書いている。

「いつか私は、アダム・スミスの『国富論』というのを読んだ。そしてはなはだ楽しんだ。むろん日本語訳で読んで、訳文もそれほど見事というのでもなかったけれども、また未決生活のなかだから読んでしまったのだったかも知れぬけれども、この学者の仕事が——それをだんだんに追って読んで行くのが、それまでに経験したことのなかった楽しさだった。何が書いてあったかは一つも覚えていない。楽しかった記憶だけがある。理づめという言葉があり、事づめという言葉はありそうにもないが、一方では事実を追って行く、一方では論理を追って行く、その仕事ぶり、その熱心ないそしみが、文学でも小説でもないだけに読んで行っていっそう楽しい——そんな具合だった。つまり私は、『国富論』を理解しなかった、それでいてそれを楽しんだということになるのだろう。非常にいいことではなさそうだが、事実はそんな具合だった」（『本とつきあう法』ちくま文庫）

おもしろい本の読みかたで、これに準じればどんな本でも読める。本読みの楽しみは、どうも、理解とはべつなところから生まれるようだ。

アメリカの本、とくにペーパーバックには、ときどき、奇妙な断り書きがついている。本文が始まる直前あたりの、出版にかんする権利が細かく書いてあるところに、まるで、喫煙は体に害があります、という煙草の断り書きのように、罫《けい》で囲んで、こう書いてあるのだ。

「表紙なしでこの本を販売するのは、認められていません。表紙のないこの本を買ったときは、版元にはそれは「未売却の破損品」として報告されていることを御承知おきください。著者も版元もその「引き裂かれた本」の売上金は受け取っていません」

ぼくはまだ、この断り書きに該当するような「引き裂かれた本」を買ったことはないが、もし、そういうのにでくわしたら、はたして買うだろうか？　表紙がないのだからたぶん安売りされているのだろうが、そしたら、はたして買うか？

考えこんでしまう。

長いこと探していた本だったら、喜んで買うだろう。それはわかる。でも、それ以外の本だったら？

なぜ考えこむのか、その理由はわかる。ぼくの頭のなかのどこかには、表紙がなければ本ではない、という気持ちがはっきりある。

べつなかたちの「引き裂かれた本」なら、去年の夏、ホノルルでどっさり買った。ハワイ州のあちこちの公立図書館が共同して年に一回開いている蔵書の放出市で買ったのだが、ほとんどの本から「見返し」と「遊び紙」の部分が消えていた。そこのところに貸出票でも貼ってあったのだろう、ビリリと引き裂かれていた。表紙を開くといきなり「扉」で、そこに「廃棄」というスタンプが押してある。最初は土足でひとの家にずかずか入りこんでいくようなかんじで落ちつかなかったが、そのうち慣れた。なにしろ、とんでもなく安い。ぼくが出かけたのは、えーい、持ってけ、泥棒、の特別セールがおこなわれた最終日で、全品二十五セント。ハードカバーだろうがペーパーバックだろうが、なんでも二十五セント。こうなると、多少引き裂かれていようが、文句は言わない。

しかし、もしも表紙が引き裂かれていたら、二十五セントでも十セントでもぼくは買わなかったろう。図書館の本だから、いかれた表紙は補修されていて、表紙のない本はなかったが、もし表紙がなかったら、安くてもきっと買わなかった。本には表紙がなきゃ、という気持ちがどこかにある。

物理学者の木下是雄《これお》が、シンポジウム形式の挑発的な本『マニュアルはなぜわかりにくいのか』（毎日新聞社）で、論文の書かれかたが欧米と日本とではそうとうちがう、といっていて、その一例として、欧文におけるパラグラフの条件をあげていた。これが興味をそそる。

・パラグラフには、そのパラグラフでなにをいおうとしているのかを一口に述べた文――中心文――があるのが建前である。

・中心文はパラグラフの先頭にくるのが原則である。

おお、これはいいこと、聞いたぞ、とぼくは歓喜した。だって、パラグラフの先頭の文章だけを読んでいけば、ぜんたいの論旨はつかめるってことだから、これは、いわば、飛ばし読みの秘訣を教わったようなものじゃないか。

もちろん、このパラグラフの条件は、欧文のそれも論文に限る。それはわかっている。でも、パラグラフには中心文がひとつある、という原理は小説にもあてはまるような気がする。文ではなく語であるときもあるけど。

読んだ本の中身をすっかり忘れてしまうことが、よくある。いや、よく、どころではなくて、最近は、しょっちゅう忘れる。ぼけたのかな、と心配になって、知り合いの本読みの何人かに、おたく、読んだ本の中身、忘れるってこと、ない、と尋ねたら、おれだって、あたしだって、と仲間がたくさんいた。

読み終えたばかりのときは、さすがに覚えている。このへんがよかった、あのへんがよかった、とわりあい具体的に覚えている。ひどく感動したときなど、頬にほてりが残っているのがわかる。でも、別な本を読み始めたりして一週間もたつと、もういけない。書名はどうにか覚えているものの、あとは、よかった、という記憶がぼんやりとあるだけで、どのへんがよかったのか、ろくにおもいだせない。

さらに別な本を読み始めたりして、通算して一カ月もたつと、世も末だ。書名すら忘れていることがある。深夜、本棚の前に立って、えーと、どの本だったっけかなあ、とひとり孤独に探したりしている。そういうときって、ちょっと悲しい。本を読むってなんなんだ、と痛切におもう。

さて、国語の問題である。つぎの文章を読んで、質問に答えなさい――

「その夜、デロレスはゆったりと長風呂を楽しんだ。バスルームに本を持ち込み、腕を湯の上に突き出して、乳房と濃い陰毛を湯面にたゆたわせながら、十ページから十二ページ読むこともあった。その夜は、ケインの小説のなかで男と女がギリシャ人の主人を殺す場面を数ページ読むと、バスタブに身を浮かせて湯の感触を楽しみながら、もの思いに沈んだあのすてきな青年のことを思い浮かべた。あの若いミュージシャンは、どこか自分の父親と似た点があると思った」（古賀林幸訳）

質問――デロレスはなにをしているのでしょうか。つぎのなかから選びなさい。

（1）風呂を楽しんでいる。

（2）本を楽しんでいる。

（3）青年のことを思い出している。

（4）父親のことを思い出している。

問題文として引いた文章はオスカー・イフェロスの『マンボ・キングズ、愛のうたを歌う』（中央公論社）の一節で、デロレスというのは、十三のときに、キューバから父親とふたりでニューヨークに移住してきた女性である。父親は、アメリカに行けばいい生活ができるんじゃないか、と夢見ていたのだが、なかなかそうはならず、毎日が疲労と苦労の連続だった。なにしろ、英語ができないので、うまい職にありつけない。

そんな父親を見ていたこともあったし、孤独で他にすることもなかったから、デロレスは、早くから英語の勉強をせっせとした。勉強の道具はラジオと本で、そのかいあって、そのうちふつうの店でも働けるようになり、そうなると、さらにめきめき上達した。そして、そんな過程のなかで、本というものが好きになった。問題文として引用した頃にはもう二十一になっていたが、大変な本好きになっていて、言葉がむずかしすぎるものでなければどんなものにも手を伸ばして、週に最低二冊は読んでいた。それは誇りでもあった。

「やっと字が読める男の娘にしては、上出来だわ。おまけに英語で！」

そして、ある日、バス停で、もの思いに沈むすてきな青年を見かけたのだった。

さっきの問題にもどるが、はて、正解はどれか。

さよう、（1）である。「乳房と濃い陰毛を湯面にたゆたわせながら」といったいいかた、「バスタブに身を浮かせて湯の感触を楽しみ」といったいいかた、そのどちらからも湯に浸る幸福感がたっぷりにじみでているもの、これは（1）だ。

でも、いうまでもないが、正解は（2）である。だって、じっさい、本を読んでいるんだし、「十ページから十二ページ読むことも」あるくらいの本好きなのだから、これは（2）だ。

だけど、じつは、（3）である。湯気につつまれて恋の予感にうっとりとしている姿が、どうです、目に見えるようじゃありませんか。（3）だ。

しかし、おあいにくさま、ほんとうは、（4）である。風呂も本もすてきな青年も、ぜんぶ、父親をおもいだすきっかけにすぎなかった。

もうお分かりいただけたろう。じつは、ぜんぶが正解。デロレスはお風呂のなかで一度に四つのことをほぼ同時にやっている。


目は活字を追いかけていたのにぜんぜん読んでいなかった、ということにはっと気づくことがときどきある。そういうときは、あれ、なにが書いてあったんだっけ、と前にもどってまた読み直すことになり、そのたびに、じぶんの集中力のなさに嫌気《いやけ》がさす。よそごとばかり考えてるんじゃないよ、と遠い昔に母親に注意されたことをおもいだしたりもする。

でも、本を読んでいるときに起きるそういう脱線、ないしは飛翔もまた、じつは、本を読むという楽しみのひとつなのではないか。本を読んでいる時間、というか、空間が心地よくて秘密めいたものであるのは、そこではなにをしてもいいからなのではないか。

風呂のなかでデロレスは一度に四つのこともやっていた。湯気に体をただよわせ、本を読み、青年のことをおもいだし、父親をなつかしんでいた。まったく、なにをしてもかまわないのである。本を読むことの快感と幸福感がこれほど簡潔にまとめられた文章を、ぼくは他に知らない。

ところで、デロレスの読んでる本だが、もちろん、なんの本か、分かりますよね。

はい、そうです、『郵便配達は二度ベルを鳴らす』。

気にいった本だと最低三冊は買う、というひとがいる。一冊はじぶん用、もう一冊はひとへのプレゼント用、もう一冊は保存用、になるらしい。保存用の一冊は、それはもうていねいに二重三重に特殊な紙で包み、ゴミがつかないよう、傷まないよう、細心の注意を払って、しまっておくという。

ぼくは、どんなに気にいった本でも、まあ、一冊しか買わない。稀《まれ》に、もう一冊買いたすこともあるが、それは、本棚においておくうちに、悲しいまでに傷んでしまった場合だ。気にいっている本が、紙《し》魚《み》にばりばり食われてたり、はげしく黄ばんでたりすると、さすがにちょっと淋しくなる。でも、情けないかな、そういう切ない気持ちで買いたそうとしても、月日がたっているので、やれやれ、絶版になっていて入手が困難になってしまっていたりする。

ほら、見ろ、だから最初に買っておくのがいいんだよ、と気にいった本だと最低三冊は買うひとはいうかもしれない。でも、やはりそういう気にはなれない。根がケチだからか。それだけでもないような気がする。

愛読書という言葉があるが、じつは、この言葉の意味がぼくにはよくわからない。「愛・読書」というのならわからないでないが、一般につかわれている意味は「愛読・書」のようなので、わからなくなるのだ。

愛読、は『新明解国語辞典第四版』(三省堂)には、「〔その書物・新聞などを〕好きでいつも読むこと」と説明してある。「好きで」というほうはすぐわかる。問題は「いつも読むこと」というほうだ。いつも読む、とはどういうことか?

単純に考えれば、繰り返し読んでいる、ということだろう。だけど、ぼくには、この繰り返し読む、ということがよくわからない。繰り返し読む、ということは、いったい、つぎのうちのどれを指しているのか?

（1）始めから終わりまでを繰り返し読んでいる。
（2）気に入ったところを拾い読みしている。
（3）背表紙を眺めたり、本に触ったりして、よかったなあ、としょっちゅういい気分になっている。

まあ、（2）と（3）はいっしょにしてもいいかもしれない。いったい、（1）なのか、（2）と（3）なのか、どっちなのだ？

好きで好きで何度読んだことか、とじぶんの愛読書について語るひとがいる。そういうひとたちに会うと、ほんとうに繰り返し読んでいるのだろうな、とつくづく感心させられる。そういうひとたちには、右の問いの答えは（1）に決まっているだろう。

ぼくは、（2）と（3）だ。それが、ぼくにとっての愛読書の定義だ。どんなに気に入った（という記憶のある）本でも、始めから終わりまでもう一回読むということは、仕事上の必要でもないかぎり、まず、ない。本を読むのがとても遅いので、おなじ本を二回読んで時間を消費してしまうなんて、もったいない。読み返すことで新しい発見がある、とはよく言われるが、なんのなんの、気に入ったところを拾い読みしたり、眺めたり触ったりしているだけでも十分、新しい発見に出会える。

気に入った音楽は、始めから終わりまで繰り返し聞く。気に入った映画も、ときどきだが、始めから終わりまでもう一回見ることはある。でも、本は、始めから終わりまで繰り返し読むということは、まずない。

プルーストといえば、読み始めたひとはたくさんいても読み終えたひとはあまりいない超大作『失われた時を求めて』の作者だが、この大作家、翻訳もやっていたらしくて、イギリスの批評家のジョン・ラスキンの『胡麻《ごま》と百合《ゆり》』を、詳細な注をつけて訳している。それには訳者、すなわちプルーストの序文もついている。それがじつに素晴らしい。題名は「読書について」だ（プルースト＝ラスキン『胡麻と百合』筑摩書房）。

プルーストはいう。読書とは読者への励ましなのだ。そして、励ましにしかすぎない。本を読んだからといって、なにかの答えが見つかるわけではない。本の作者の知恵が終わるところで、読者であるわたしたちの知恵が始まる。

「読書を一つの規律としてしまうことは、励ましにしかすぎないものに過大な役割を与えることになる。読書は精神生活の入口にあるものだ。私たちをそこに導き入れることはできるが、精神生活を形成することはない」（吉田城訳）

本をたくさん読んでりゃいいってもんじゃないよな、とぼくは常日頃おもっているのだが、それは本の作者の知恵をたくさん集めることにばかり夢中で、じぶんの知恵はまるで働かせようとしないひとが目立つからなんだな、とこの文章を読んでわかった。

内藤陳さんと話をする機会があって、ひとつ、とても感心したことがある。内藤さんは「本のオススメ屋」を自認する大変な本読みだが、読んだ本の処分はどうするんですか、と聞くと、捨てられないたちだから、家のなかは本だらけだ、とおっしゃった。でも、そうは言ったって、すこしは処分しないと、足の踏み場もないでしょう、とさらにしつこく聞くと、本を売るってことがどうもできないんで、マンションの入口のところに段ボールの箱をおいといて、ときどきそこに、これはいらないかな、と思えるのを入れるんだ、とおっしゃった。

「それで?」

「それで、段ボールが一杯になると、管理人さんが図書館に連絡してくれるの。そして、図書館が取りに来る。いろんな本がありますから、分類まではできないけど、引き取ってもらえませんか、と図書館に頼んだんですよ」

そういえば、アメリカの書評紙で、どこかの大学の図書館が、本をください、と訴えている広告を見たことがある。あなたにとって要らなくなったものが、わたしたちには必要なのです、と。

内藤陳さんと話していて、もうひとつ、すっかり共感してしまったことがある。それは、本を数で考えるな、ということ。

ほら、雑誌なんかでよく、残った人生であと何冊読めるか、といった特集をやるじゃないですか。ああいうの、見てると、なんか、ヤになっちゃうのね。おいおい、本は数じゃないんだよって。

ぼくの読書量はたいしたものではないから、ぼくが、本は数じゃないんだよ、と言っても、なんだか負けおしみになるが、むちゃくちゃな量を読んでる内藤さんが、本は数じゃないんだよ、と言うと、説得力がある。そう、本は数ではない。

しかし、本は数だ、という考えかたは根強いのだ。じっさいの話、ぼく自身を例にとっても、たったいまぼくは「ぼくの読書量はたいしたものではないから」と書いている。こういうふうな遠慮の表現がでてくるのは、明らかに、本は数だ、という考えかたにどこかで縛られているからだ。

本は数ではない本は数ではない本は数ではない本は数ではない本は数ではない本は数ではない本は数ではない本は数ではない。

何度も唱えつづける必要がある。

「マドモアゼル」という若い女の子向けのアメリカの雑誌を本屋で立ち読みしていたら、その書評欄で、エッセイストのバーバラ・グリゼッティ・ハリソンが、ブレット・イーストン・エリスの『アメリカン・サイコ』について、鋭いことをいっていた。この小説、その性的な暴力の陰惨さで大変に話題を呼んでいるのだが、ハリソンは、小説についてひととおり述べたあと、つぎのように書いていた。「人生は短いのですから、こんな本を読んで時間の無駄づかいをしないように」

エリスにかんしては異論はあるけれど、このいいかたには感心した。このひと、すぐれた常識感覚の持ち主で、思わせぶりな文学的な表現など大嫌いで、じぶんが嫌いとなると、てきびしく攻撃する。ぼくは、お気に入りの小説家が彼女にコテンパンにやっつけられるのをいくつも読んできたが、いつもかなり的確なんで、趣味はちがうが、信頼している。

いま引いた指摘のすごいところは、読書は時間つぶしではないのだ、とはっきりいっている点。読書はただの時間つぶしだ、という考えかたが当たり前のものになり、読むそばから読んだことをどんどん忘れていくのが普通のことになったいま、この反時代的でオーソドックスな意見はけっこう新鮮だ。

さて、読書は時間つぶしであってはいけないか。読書ってそもそもなんだ?

そこで、辞書で「読書」を引いてみた。引いたのは『新明解国語辞典第四版』。この辞書の読み物としての素晴らしさをだれよりも早く教えてくれたのは評論家の武藤康史《やすし》だが、それを聞いてから、この辞書をつかうようになった。武藤は言ったのだ。「動物園」を引いてください。涙なしには読めないから。ぼくは引いてみて仰天した。あなたも試しに引いてごらんなさい。辞書というものにたいする考えかたがかわるから。

では、「読書」――

「〈研究調査のためや興味本位ではなく〉教養のために書物を読むこと。〈寝ころがって読んだり雑誌・週刊誌を読んだりすることは、勝義の読書には含まれない〉」

これを読んで、ぼくはちょっと困った。だって、ぼくは研究調査(ってほどのものではないけど)と興味本位以外に、本を読んだことがないのだ。こうなると、なんだか、いままで本を読んできたのはいったいなんだったたんだ、と悲しくなる。『新明解国語辞典第四版』をもう一回引かなきゃ。研究調査(のようなもの)のためや興味本位で書物を読むことは、いったい、なんていうのだ?

「一五〇〇年から一七五〇年の西欧における読書の形態は、集中型であった。読む本の数は非常に少なく（聖書、数冊の祈禱書《きとうしょ》、暦書、青表紙本など）、それを繰り返し読むというものである。このような読書は対象となる本の数が極度に少なく、反復的で、密度が濃いという性格をもっており、多くの場合、家庭内で、また時には夜の集いで声に出して行われる。しかし十八世紀の終わり頃になると、特にヨーロッパ北東部の都市で（ただし詳しい研究があるのは、ブレーメンの場合だけだが）、教養のある人々、言い換えれば広い意味でのブルジョワのあいだには、まったく別の読書形態が存在した。彼らは本をたくさん読む。とりわけ、小説や新聞・雑誌などの、十八世紀にドイツで急増する読書室（Lesegesellschaften）に置かれていたものを多く読む。しかも彼らは、それらを、一回だけ、気晴らしのために速いスピードで読む。そして、一度読んでしまえば、あとは捨てたり、他に読む人がいればその人のために取っておく。このような読書は本の選択に関してはすそ野が拡がっているが、内容についてはあまり深く考えようとしない表面的なもので、ひとことで言えば拡散型の読書である」（ロバート・ダーントン「ルソーを読む」水林章訳、ロジェ・シャルチエ編『書物から読書へ』所収、みすず書房）

深沢七郎の『言わなければよかったのに日記』(中公文庫)の解説で、小説家の尾《お》辻克彦《つじかつひこ》がおもしろいことを書いている。この本には昔大変に元気づけられたし、ひどく感動したのだが、どうもじぶんはすっかり勘違いしていたようだ、というのだ。

まず、じぶんは昔この本を文庫で読んだと記憶していたが、じつはいままで文庫版はでていなかったというではないか。ああ、なんたる勘違い。

それから、この本には北海道の話がたくさんあって、両手いっぱいにパチンコ玉をかかえてどこかの町の大通りを歩く話は大好きだった。ところが、なんと、読み直してみたら、そんな話はないし、だいいち、北海道なんかぜんぜんでてこない。ああ、勘違い。

尾辻はいう。じゃあ、ぜんぜんべつな本のことをじぶんはいってるのかというと、そうでもなさそうだ。だって、じぶんの覚えている話もきちんと見つけられるから。

「これほど自分の体内にしみ込んだと思った読書体験の、その本の形の記憶がアイマイなので、今回はショックを受けた。（中略）反省してみて、やはり間違っていたとしても記憶の方が大切だと思う。記憶というのは記録が発酵して表現にまで近づいているものなのだろう」

まさに実となった読書である。

もうひとつ、読書の記憶違いの、一風変わった例。

イタリアの学者にして小説家のウンベルト・エーコが、昔、美学についての論文を書いていたときだ、ある難問にぶつかった。さまざまな書物に目を通したが、どこにもその答えは見つけられない。うーむ、うーむ、と唸りながらパリの街を歩いていたある日、古本屋で、美学にかんする美しい装丁の本を見つけた。前世紀の書物で、著者の名前に聞き覚えはない。いままで図書館で見たこともないのは群小作家のひとりだったからだろう、と考えて購入し、たいして期待もせずに読みはじめた。と、どうだ、難問を解く鍵が書いてあるではないか。やったね、とおもわず余白に「！」と書きこんだ。

それから数十年後、この発見の話を読んだエーコの友人は、あれは作り話だろう、とからかった。話がうますぎるぞ、おい。エーコは、嘘ではない、家に来いよ、本を見せてやるよ、と友人を誘った。本はたしかにあり、エーコは、ぱらぱらとページをめくって、「！」の印のついた箇所をさした。ほら、ここだよ、と言おうとしたが、あれまあ、難問を解く鍵となった言葉なんかどこにもないではないか。

エーコは、じゃあ、じぶんで解いたのかな、と首をひねったが、まもなく、つぎのように考えた（『論文作法』而立書房）。

「あの着想を生み出した功労はほんとうに私のものなのだろうか。仮にヴァレを読まなかったとしたら、着想も思い浮かばなかっただろう。彼はあの着想の生みの親ではなかったにせよ、言わば産科医だったのだ。彼は私に何も与えてくれたわけではないが、私の心を鍛えてくれたのであり、ある点では私の思索にはずみを授けてくれたことになる」（谷口勇訳）

おもうに、これが読書の醍醐味《だいごみ》である。読書という、きわめて個人的でひそやかで秘密めいた作業は、あらゆる記憶違い、思い違い、読み違い、を許容する。正しい読み方などない。読書の力とは、エーコがいうように、心を鍛えてくれるところに、思索にはずみを授けてくれるところにある。

BOOKWORM

seven
spot
ladybird

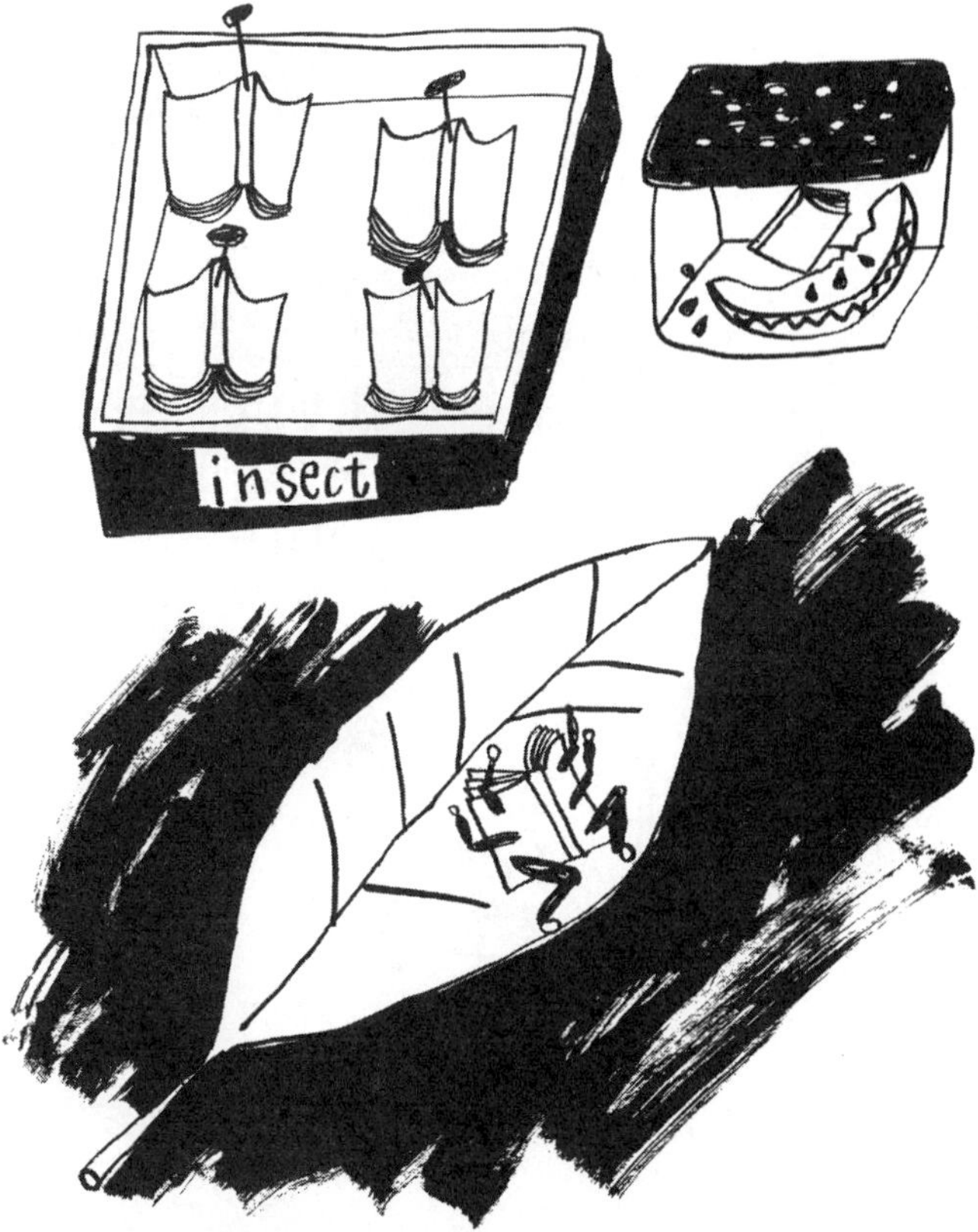
insect

García
Márquez
William
Saroyan
The Human
Comedy
Cien
años
de
Soledad

M
PoP
Corn

あとがき

毎日新聞の読書欄の「ヤング読書術」というコラムに、一九九一年の一月から六月まで、毎週、本とのつきあいかたについて、書いた。連載が終わってまもなく、「ミステリマガジン」の当時の編集長の菅野圀彦《くにひこ》さんから、あれ、おもしろかった、つづきをやりませんか、と誘われた。おもしろい、と言われるとつい調子に乗る。はい、と喜んで引きうけ、「眺めたり触ったり」というコラムをつくっていただいた。一九九二年の四月号から一九九四年の十二月号までつづけた。

本書は、そのふたつのコラムを合体、整理して、こしらえたものである。

「ミステリマガジン」では、毎回、阿部真理子さんに絵を描いていただいた。「エスクァイア日本版」で以前アメリカの短篇小説の翻訳を継続的にやっていたとき、阿部さんが挿絵を描いてくださっていたのだが、いつもかならず、本を読んでいるだれかの絵が混じっていて、それがぼくは大好きだったのだ。人間だけではなく、犬や鳥や鯨やバッファローが、果てはアカデミー賞のオスカー像までが、本を読んでいた。ぼくのコラムは、基本的には、本をいろいろに読んでいるひとたちをめぐってのものだから、本を読むさまざまなひとたち（生き物たち？）の阿部さんの絵がついたら、もう完璧だ、と思ってお願いした。

本書には、連載時の絵のみならず、描きおろしもどっさり入っている。阿部さんの画集としてもたっぷりお楽しみいただけるはずである。

あっちをぱらぱら、こっちをぱらぱら、眺めたり、触ったり、どこからでも自由に読んで、本とのつきあいかたを発見してください。

本書を美しくデザインしてくださった髙橋雅之さん、緻密に編集してくださった三好秀英さん、そしてもちろん菅野さん、菅野さんのあとの「ミステリマガジン」の編集長竹内祐一さん、すべてのきっかけをつくってくださった毎日新聞の光田烈さんに、感謝します。

一九九七年七月

青山　南

文庫版への追記

小説家の尾辻克彦が深沢七郎の『言わなければよかったのに日記』についてすっかり勘違いしていた話を二〇七ページでぼくは紹介しているが、今回の文庫化にあたってあらためて読み直しているうち、ぼく自身にも過去の出来事について勘違い、というか、思い違いがあるのに気がついた。

いや、記憶違い、というか、記憶が混乱している。

二〇〇〇年代に入ってからのことだ、「週刊朝日」の「忘れられない一冊」というページに、つぎのような文をぼくは書いている（週刊朝日編集部編『忘れられない一冊』朝日文庫に収録）。

「ベン・シャーンはかなり好きなアメリカの画家のひとりである。ジョン・スタインベックは嫌いになろうにもなかなか嫌いになれないアメリカの作家のひとりである。

このふたりと、ぼくはほぼ同時に出会った。だから、ベン・シャーンのことを考えると、スタインベックのことが頭に浮かんでくるし、その逆もまた然《しか》り。ふたりは、ぼくのなかでは、すっかりセットになっている。

高校生のときだ。学校からの帰り道、駅から自宅までのおよそ十分の距離、途中に本屋が三軒あった。ひとつは狭苦しい駅前書店、もうひとつはおおきなマンションの一階にある広々としたきれいでおしゃれな雰囲気の書店、そしてあとひとつは、駅からも離れていればぜんぜんおしゃれでもない、自分の家のつかっていない部屋をふたつほどぶち抜いて発作的に本屋を始めたとしか思えないような、ちょっと薄汚れた、みるからにお粗末な書店。

よく寄ったのはマンションの下の書店。いま思い出してみてもセンスある展示におおいに刺激されつつ、立ち読みを楽しんでいた。雑誌も、ほとんどそこで読んでいたが、おもしろそうな雑誌をていねいに集めている、すてきな店だった。

お粗末な書店は、雨宿りで入るくらい。ちょうど駅と自宅の中間にあるので、いきなり雨に降られたりするとひょいと駆け込む。だから、たまにしか入らないのだが、いつ入っても、なにもないなあ、ここは、と生意気な感想しか出てこなかった。実用書と全集とベストセラーと文庫本が、投げ出されるように置いてあるだけ。ホコリもかぶっている。信じられない。

その信じられない店で、いきなり来た大降りの日、ベン・シャーンとジョン・スタインベックに会った。降りこめられて、しかたなく、崩れかけた文庫の列を眺めていくと、『怒りの葡萄《ぶどう》』上中下がある。聞いたことのある作品だなと思って手にとると、表紙の絵がすごくいい。三冊とりだすと、ぜんぶ絵はちがう。しかしおなじ画家らしい。ベン・シャーン？　変な名前だな。

角川文庫。初めてのジャケ買い。ていねいにカバーをかけて読んだ。

感謝するべきは、あの信じられない本屋にか、とつぜんの大雨にか」

どこがどう記憶が違っている、というか、混乱しているのか、というと、一七七ページをみていただきたい。高校一年のとき、学校からの帰り道、家に向かう途中、いきなり降ってきた雨から逃れるようにして飛びこんだ家の近所の本屋で、ある本に出会った、という状況はほぼおなじなのに、こっちではアンドレ・ジッドの『贋金《にせがね》つくり』になっているのである。

本書の文を書いたのは一九九〇年代である。いっぽう、『怒りの葡萄』のほうは二〇〇〇年代だ。記憶が十年のあいだに変貌してしまったということなのか。

いま現在のぼくの記憶の倉庫では、高校生の雨の日に出会った本は『怒りの葡萄』ということになっているが、それは一九九〇年代に想起した『贋金つくり』というアイテムが二〇〇〇年代に『怒りの葡萄』というアイテムに置き換えられたからだろう。そんなふうに「上書き保存」されたからなのだろう。

なぜ記憶が変貌したのかはわからない。しかし、よくよく考えてみれば、「高校生」「いきなりの雨」「貧弱な本屋」というアイテムは変わっていない。また、そのときそこで一冊の本に出会ったという事実もまったく変わっていない。つまり、本がどっちだったのかは曖昧だが、「読書状況」というか「読書体験」の記憶は変貌していないのである。深沢七郎の本について勘違いした尾辻は、「これほど自分の体内にしみ込んだと思った読書体験の、その本の形の記憶がアイマイなので、今回はショックを受けた」と書いているが、ぼくの場合は、「本の形の記憶」は曖昧だが、「体内にしみ込んだと思った読書体験」は鮮明だったということだろう。

二〇五ページで『新明解国語辞典第四版』の「読書」の語釈を紹介している。「［研究調査のためや興味本位ではなく］教養のために書物を読むこと。［寝ころがって読んだり雑誌・週刊誌を読んだりすることは、勝義の読書には含まれない」」

『第四版』が出たのは一九八九年である。いまぼくの手元には『第六版』がある。二〇〇五年の刊である。念のために、こっちのほうで「読書」を引いてみた。おどろいた。こうなっている。

「〔研究調査や受験勉強の時などと違って〕一時（イットキ）現実の世界を離れ、精神を未知の世界に遊ばせたり人生観を確固不動のものたらしめたりするために、（時間の束縛を受けること無く）本を読むこと。〔寝ころがって漫画本を見たり電車の中で週刊誌を読んだりすることは、勝義の読書には含まれない〕」

長いし、ていねい、というか、突っこんで説明している。『第四版』では「教養のために」と、それこそ曖昧に書いていたところを、『第六版』では「一時（イットキ）現実の世界を離れ、精神を未知の世界に遊ばせたり人生観を確固不動のものたらしめたりするために、（時間の束縛を受けること無く）」としている。なるほど、そういうことが「教養」ということなのか、と教えられる。

ちなみに、「勝義《しょうぎ》」とは「〔仏教で、最高の真理の意〕〔転義やひゆ的用法でなく〕その言葉の持つ、本質的な意味・用法。」

二〇〇〇年代以降、本の環境で大きく変わったことといえば、電子書籍の普及で、いまはアマゾンのキンドルでぼくもずいぶん読んでいる。洋書などは、キンドルだととりわけありがたく、わからない単語なども、当の語をタッチするだけで、語釈が飛びだしてきて教えてくれる。設定次第で、字の大きさなども自由に調節できるのもありがたい。

ただ、一冊の本のなかのどのあたりに自分がいるのかがわかりづらいのが悔しい。物体としての本が相手だったときは、本を閉じて厚さを眺めれば自分の現在地が一目でわかったが、キンドルでは「何パーセント読みました」みたいな表示をとおして現在地を認識しなければならない。おまけに、こっちが読んできたペースから勝手に計算して「あと何時間で読み終えます」みたいな表示まであらわれる。余計なお世話だ。おなじペースで読めるわけないだろう。ページによっては、ゆっくり読んだり、読みとばしたりもしているのだから。

要するに、こっちが読んでいるところを監視されているかんじが、ときおり、うっとうしい。『新明解国語辞典第六版』は、「読書」について「(時間の束縛を受けること無く)」とわざわざ定義していたが、キンドルはやんわりと時間を束縛してくる、というか、読み方を計算している。もちろん、ぼくがやっていないだけで、設定次第でそういう表示を消すことはできるのだろうが。

キンドルその他の電子書籍の最大の欠点は、しかし、眺めたり触ったり、ができないということではないか。物体としての本は、いまさら言うまでもなく、前から後ろから上から下から、その姿をとくと眺められる。べたべた触ることも、まあ、あまり歓迎はしないが、できる。これは絵本の場合になるが、エリック・カールは、『はらぺこあおむし』や『パパ、お月さまとって!』や『くもさん　おへんじどうしたの』では、本を触感で楽しむことを提案してみせた。そういった芸当は電子書籍ではそうとうにむずかしいのではないか。なにをやらかすか、予想がつかないのがコンピューターの今後だから、無理だ、と断言はしないが。

楽しい絵をいっぱい描いてくれた阿部真理子さんは二〇一〇年に亡くなった。ぜんぜん若くて早すぎた。楽しい豪快なひとだった。二一八ページで言及した「エスクァイア日本版」の挿絵はいまも部屋の壁に飾っている(写真)。本書は阿部さんに、感謝とともに、献じたい。

文庫化にあたっては題名を少し変えた。今回は河内卓さんにお世話になった。ありがとうございました。

二〇二三年十二月四日

青山南

索　引

Prospero's
champignons

本書は1997年9月に早川書房により刊行された
『眺めたり触ったり』を改題したものです。
文庫化にあたり、加筆訂正のうえ、「文庫版への追記」を加えました。
また、文中に登場する書籍の出版社についても最新のものに変更しました。

本は読めないものだから心配するな　管啓次郎

この世界に存在する膨大な本をめぐる読書論であり、ブックガイドであり、世界を知るための案内書。読めば、心の天気が変わる。（柴崎友香）

読書からはじまる　長田弘

自分のために、次世代のために——。「本を読む」意味をいまだからこそ考えたい。人間の世界への愛に溢れた珠玉の読書エッセイ！（池澤春菜）

ぼくは散歩と雑学がすき　植草甚一

1970年、遠かったアメリカ。その風俗、映画、本、音楽から政治までをフレッシュな感性と膨大な知識、貪欲な好奇心で描き出す代表エッセイ集。

遠い朝の本たち　須賀敦子

一人の少女が成長する過程で出会い、愛しんだ文学作品の数々を、記憶に深く残る人びとの想い出とともに描くエッセイ。（末盛千枝子）

旅するように読んだ本　宮田珠己

読書とは頭の中で旅をすることでもある。旅好きで本好きなタマキングが選んだ、笑える人文書たち。あなたも本で旅をしませんか。（椎名誠）

新版 熱い読書　冷たい読書　辻原登

文字ある限り、何ものにも妨げられず貪欲に読み込み、現出する博覧強記・変幻自在の小宇宙。第67回毎日出版文化賞書評賞受賞作。（刈谷政則）

本が好き、悪口言うのはもっと好き　高島俊男

痛快エッセイ『「支那」はわるいことばだろうか』をはじめ、李白と杜甫の人物論、新聞醜悪録など、すべての本好きに捧げる名篇を収めた著者の代表作。

無限の本棚　増殖版　とみさわ昭仁

幼少より蒐集にとりつかれ、物欲を超えた〝エアコレクション〟の境地にまで辿りついた男が開陳する驚愕の蒐集論。伊集院光との対談を増補。

古本大全　岡崎武志

古本ライター、書評家として四半世紀分の古本仕事の集大成。書籍未収録原稿や書き下ろしも多数収録したベスト・オブ・古本エッセイ集。

味見したい本　木村衣有子

読むだけで目の前に料理や酒が現れるかのような食の本についてのエッセイ。古川緑波や武田百合子の食卓。居酒屋やコーヒーの本も。帯文＝高野秀行

イリノイ遠景近景　藤本和子
イリノイのドーナッツ屋で盗み聞き、ベルリンでゴミ捨て中のヴァルガス・リョサと遭遇……話を聞き、考える。名翻訳者の傑作エッセイ。（岸本佐知子）

ねにもつタイプ　岸本佐知子
何となく気になることにこだわる、ねにもつ。思索、奇想、妄想はばたく脳内ワールドをリズミカルな名短文でつづる。第23回講談社エッセイ賞受賞。

柴田元幸ベスト・エッセイ　柴田元幸編著
例文が異常に面白い辞書。名曲の斬新過ぎる解釈。そして工業地帯で育った日々の記憶。名翻訳家が自ら選んだ、文庫オリジナル決定版。

ボン書店の幻　内堀弘
1930年代、一人で活字を組み印刷し好きな本を刊行していた出版社があった。刊行人鳥羽茂と書物の舞台裏の物語を探る。（長谷川郁夫）

あしたから出版社　島田潤一郎
青春の悩める日々、創業への道のり、編集・装丁・営業の裏話、忘れがたい人たち……「ひとり出版社」を営む著者による心打つエッセイ。（頭木弘樹）

ロシア語だけの青春　黒田龍之助
東京の雑居ビルにあった「ミール・ロシア語研究所」で、一人の高校生が全身でロシア語学習に取り組み、人気語学教師になるまでの青春記。（貝澤哉）

ポケットに外国語を　黒田龍之助
言葉への異常な愛情で、外国語本来の面白さを伝えるエッセイ集。ついでに外国語学習が、もっと楽しくなるヒントもつまっている。（堀江敏幸）

ことばの食卓　武田百合子　野中ユリ・画
なにげない日常の光景やキャラメル、枇杷など、食べものに関する昔の記憶と思い出を感性豊かな文章で綴ったエッセイ集。（種村季弘）

ひるは映画館、よるは酒　田中小実昌
3本立て、入替無し、飲食持込み自由、そんな映画館を愛した著者が綴った昭和のシネマパラダイス！文庫オリジナル・アンソロジー。（荒島晃宏）

橙書店にて　田尻久子
熊本にある本屋兼喫茶店、橙書店の店主が描く本屋と「お客さん」の物語36篇。書き下ろし・未収録エッセイを増補し待望の文庫化。（滝口悠生）

O・ヘンリー ニューヨーク小説集
青山南＋戸山翻訳農場訳
烈しく変貌した二十世紀初頭のニューヨークへタイムスリップ！　まったく新しいO・ヘンリーの読み方。同時代の絵画・写真を多数掲載。（青山南）

O・ヘンリー ニューヨーク小説集 街の夢
青山南＋戸山翻訳農場訳
なんと鮮やかな短篇集！　O・ヘンリーが20世紀初頭のニューヨークの街並と人生の一齣を見事に描き出した小説集第二弾。解説・カラー口絵も充実。

フラナリー・オコナー全短篇（上・下）
フラナリー・オコナー
横山貞子訳
キリスト教を下敷きに、残酷さとユーモアのまじりあう独特の世界を描いた第一短篇集『善人はなかなかいない』を収録。個人全訳。（蜂飼耳）

カポーティ短篇集
T・カポーティ
河野一郎編訳
妻をなくした中年男の一日を、一抹の悲哀をこめ、ややユーモラスに描いた本邦初訳の「楽園の小道」他、選びぬかれた11篇。文庫オリジナル。

E・M・フォースター短篇集
E・M・フォースター
井上義夫訳
神話と現実をたゆたう「コロヌスからの道」、同性愛を扱った「アーサー・スナッチフォールド」など、不朽の名作短編を八作収録。（井上義夫）

コスモポリタンズ
サマセット・モーム
龍口直太郎訳
舞台はヨーロッパ、アジア、南島から日本まで。故国を去って異郷に住む〝国際人〟の日常にひそむ事件のかずかず。珠玉の小品30篇。（小池滋）

ダブリンの人びと
ジェイムズ・ジョイス
米本義孝訳
20世紀初頭、ダブリンに住む市民の平凡な日常をリアリズムに徹した手法で描いた短篇小説集。リズミカルで斬新な新訳。各章の関連地図と詳しい解説付。

マッカラーズ短篇集
カーソン・マッカラーズ
ハーン小路恭子編訳
西田実訳
再評価が進むマッカラーズの短篇集。奇妙な片思いが連鎖する「悲しき酒場の唄」をはじめ、異質な存在とクィアな欲望が響きあう触発の物語8篇を収録。

夢みる宝石
シオドア・スタージョン
川野太郎訳
家出少年ホーティーとはぐれ者たちによる、不思議な「夢みる」水晶をめぐる幻想冒険譚。愛と孤独の作家スタージョンの名作SF、新訳で待望の復刊！

競売ナンバー49の叫び
トマス・ピンチョン
志村正雄訳
「謎の巨匠」の暗喩に満ちた迷宮世界。突然、大富豪の遺言管理執行人に指名された主人公エディパの物語。郵便ラッパとは？（巽孝之）